原書名：我在奈良尋訪文學足跡

文／攝影 陳銘磻

眼裡的風景，書中的風情

奈良，一生不可錯過的文化之旅

飛鳥與鹿男的奈良文學旅行

　　奈良是八世紀日本首都平城京所在地，更是鹿的故鄉和神佛聖地。

　　從大阪難波乘坐近鐵奈良線快速急行到奈良，約五十五分鐘，單程票價540円。如果從京都到奈良，可在京都車站二樓搭乘近鐵奈良線特急列車，行車時間約三十五分鐘，急行列車約四十八分鐘，單程票價610円。或者預先在關西空港「觀光案內所」購買JR週遊券，搭乘所有冠上JR名稱的公共汽車、火車和船舶，毋需再另購票或付費（特別指定者除外）。

　　到了近鐵奈良站之後，搭乘巴士或散步去到奈良公園，很近，很寧靜。

　　奈良公園是奈良歷史古蹟的重鎮，興福寺、五重塔、猿澤池、采女神社、東大寺、若草山、飛火野、浮見堂、春日大社、萬葉植物園、文學家志賀直哉的舊居等，都集中該處；奈良公園最大特色就是鹿多，走到那裡，舉目都有鹿的足跡。

　　只需耗用一天時間，就能把整座奈良公園的名景顧覽一遍，黃昏時，

再到鄰近的西大寺和平城宮跡欣賞夕陽下的古城遺址。

　　奈良古都不同於包羅古典與現代的京都，古樸、寧謐和潔淨是她最大的特色，就連縣轄區內的明日香（飛鳥）、橿原、大理市黑塚古墳館、吉野山等，都保留奈良時期的淳樸風貌，走入歷史之餘，又彷彿進入鄉野村家，給人無限開闊的舒坦感受。

　　奈良的觀光景點大都集中奈良市，民宿形態的旅館不少，可預先在近鐵奈良車站「觀光案內所」搜集免費相關旅遊資訊，然後規劃前往非去不可的明日香，探索飛鳥時期和奈良時期的歷史遺跡。

　　我用「文學旅行」的方式，第一天，按《鹿男》小說所述場景，在奈良公園尋索文學景點；第二天，乘車前往吉野山，再回頭到明日香、橿原；第三天，悠然的走訪坐落在田園風情裡的唐招提寺、藥師寺、西大寺和平城宮跡，一派安然自適。

目 錄

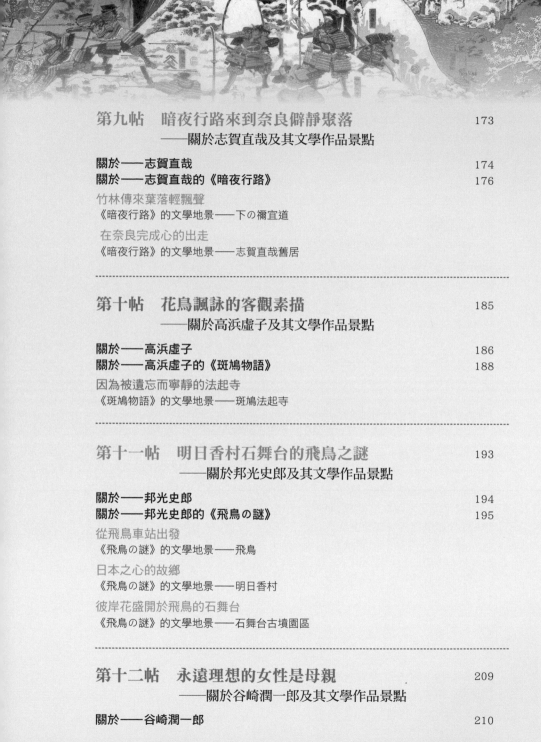

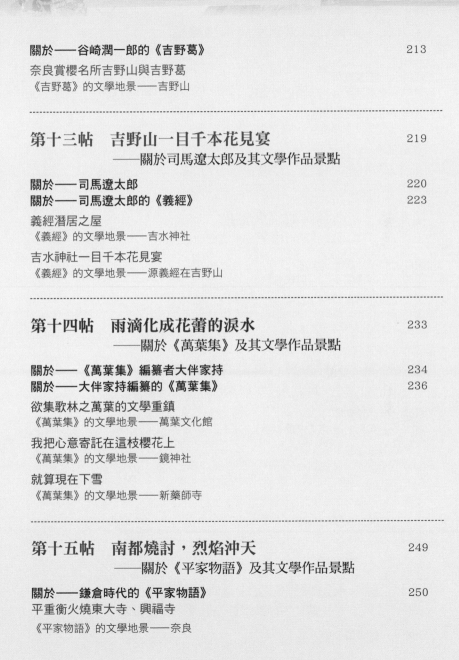

〔序 言〕繁花落盡，古都未滅

陳銘磻

這是旅行的季節嗎？我一直都在旅途中。

人生是一趟難言目的、沒有地圖的不安旅程；我用了大半輩子時間，在不斷轉輾變動的生命座標裡，尋找不明確的安定，始終遍尋不著。雨紛紛，黃粱一夢幾十年，倏然無聲無息的送走一些歲月和許多記憶。

復建後的平城宮跡

無法用情太深，是因為脆弱；不敢念舊感傷，是怕老淚縱橫。僅能將記得或不記得的陳年過往通通留在心裡；旅行的時間久了，好不好受的日子都是一個樣。沒辦法不承認，裝出若無其事的樣子，那些難言目的、沒有地圖的旅程才會讓人放下放不下的心。

多年來，我即是用這種心情走訪過日本許多文學地景，從而在那些做為文學舞台的古剎城樓或歷史事件發生地，感受文學家創作的繽紛靈魂。

這種「我的旅行我做主」的走遊方式，所費不貲，我卻心甘情願在獨具寂寥卻自得的行動中，因不斷尋覓而發覺樂趣，因勞心費力的摸索而倍感勇氣可嘉。習慣認真看清空，並抱持忠誠的朝聖心熟記每一道陽光的表情；在不複雜的旅行歲月，我的眼睛愛上風景。

每一回去到日本，都如此輕易被一座舊邸、幾棵櫻樹、大片輕踩過的雪地深深吸引住；無論累計多少行程、買過幾樣紀念品、寄回多少張填寫自己名字和住址的旅遊明信片，就是說不出悸動的原因。偶爾從碑跡文字

細讀文學家吟詠的心思，或文學家曾經參禪的寺院，眼下小說情節竟一幕幕輕盈掠過；純粹的文學旅行，我沉浸在別人的故事和自己的足跡之中。

以著作及文學地景為主，我敘寫過「日本古典文學雙璧」之一《源氏物語》的《我在日本尋訪源氏物語的足跡》；當走進紫式部位於京都廬山寺的寫作小屋與庭園，心緒不由澎湃起來，為什麼澎湃？緣由不詳。當踏足登上大津石山寺，紫式部望月的小亭，一樣從眼下所能見到的琵琶湖而興奮不已；尤其去到《源氏物語》後半章節的宇治市，得見景色，無一不跟這部千年小說息息相繫；我在宇治川畔的夢浮橋想見《源氏物語》男女主角錯綜離亂的情愛，又在平等院想及藤原家族的興衰起落。

因為喜歡《源氏物語》，我把整部小說發生在京都和宇治的文學地景，幾乎走遍。

記述「日本古典文學雙璧」之二《平家物語》的《我在日本尋訪平家物語的足跡》，我從京都、廣島，搭乘一路夜快車到訪小說情節發展最高潮的下關、關門海峽和門司港，尋找所有相關於平家和源氏兩大武士家族爭戰、祈福和駐軍的所在地。我在坐落海峽邊的赤間神宮，因目睹說書人無耳芳一的木雕像而噓唏難休，一旦散步走在壇の浦古戰場，見到御裳川公園內矗立源義經和平知盛生死決戰的銅雕像，思緒再度把我拉回小說中那一場最慘烈的海戰情景。

　　究詰為移情作用，還是文學與旅行相互融貫所產生的共鳴效應？更或者是，我早已掉入文學旅行的虛擬情境裡。

　　後來，我又企劃寫作了以名人、名著及文學地景為主，日本近代文學家川端康成、三島由紀夫、夏目漱石等著名作家的文學旅行之作。

　　《川端康成文學の旅》一書中的《伊豆の踊子》之旅，我提腳跨步穿越小說中的天城山，按照原書情節，期待純粹而淡然的情愛適巧出現；繼而在《雪國》之旅中，我又隻身走進幽幽緲緲的越後湯澤雪地，想見島村和駒子無影無蹤的戀情。

　　尤其，寫作《三島由紀夫文學の旅》的《金閣寺》之旅，我差些被真實的金閣之美迷惑；寫《潮騷》之旅，我搭乘快速火車抵達鳥羽，兼程前往日本人一生必須朝拜一次的伊勢神宮參訪，再轉乘汽船到《潮騷》一書的主景點神島，一如見到在火焰照耀下，由於裸體而羞赧的新治和初江。

　　四國旅遊回來，寫作《夏目漱石文學の旅》的《少爺》之旅，我在松山市道後溫泉的街坊，撞見小說中描述，個性憨厚、單純，富於正義感，「既不想當教師，也不想到鄉下去」的江戶男兒「哥兒」，並品嘗用糰子製作，著名的三色「少爺丸子」。

　　文學家的生平與文學地景，是我寫作日本近代文學家文學旅行的最大元素，我從作家的作品走進文學地景裡，又從文學地景深化了作家創作舞

台的背景樣貌，虛幻與真實、作品與地景，交相混合成為我寫作文學旅行的結構和支架。

而今，從「日本古典文學雙璧」和「日本近代文學家」的文學旅行寫作，轉向以都城、文學家、著作及文學地景為主，充滿文學氣息的京都與奈良兩座古都，進行歷史與文學足跡的探訪。取名「日本古都雙璧」文學旅行。

寫作期間，勤於閱讀原著與整理親訪所攝照片的資料，恰也足夠彰顯這兩座日本開國以來，被最多文學家青睞的文學舞台，或華麗，或幽玄的璀璨面貌。

第一冊，隸屬「日本古都雙璧の文學之旅」的《我在京都尋訪文學足跡》，從走訪日本三十餘年的客旅經歷，以及閱讀日本文學作品的心得，尋找出主要文學名家在其作品中涉及的京都地景，包括大佛次郎的著作《鞍馬天狗》所載的鞍馬山、鞍馬寺、鞍馬車站、京都御院，川端康成的作品《美麗與哀愁》的文學地景知恩院、清少納言的作品《枕草子》所提的伏見稻荷大社、森鷗外的作品《高瀨舟》的文學地景高瀨川一之船入等，全書記述近二十位以京都為寫作舞台背景的古代和近代作家，這些名家的名著，幾乎囊括了整個京都古城的舊跡美景。文學撒豆成兵的諧和景地，使我寫來得心應手。

櫻綻放，古都猶美，我彷彿走入千百年前的歷史與文學之中，嗅得出濃郁優雅的古樸之美。

依循京都典雅的文學旅行方式，我再度走進一千多年前，時稱「平城京」，日本第一個固定的首都奈良，寫作「日本古都雙璧の文學之旅」第二冊《我在奈良尋訪文學足跡》；從飛鳥歷史遺址開始，我投身進到以《暗夜行路》聞名的志賀直哉位於鄰近春日大社的舊居、萬城目學《鹿男あをによし》著作中的飛鳥遺跡和東大寺等、谷崎潤一郎《吉野葛》的吉野山、

芥川龍之介短篇小說〈龍〉中的奈良公園猿澤池、井上靖《天平の甍》的唐招提寺、三島由紀夫《天人五衰》的圓照寺（月修寺），以及修復中的平城宮跡。甚而以附錄方式，連同最多台灣人訪遊的大阪文學舞台，谷崎潤一郎《春琴抄》的少彥名神社、司馬遼太郎《新史太閤記》的豐國神社和大阪城、宮本輝《道頓堀川》的道頓堀等大阪景地一併納入。

「文學旅行」這個稱呼，可是我寫作的新喜好、新景致？一旦走進京都鬧區「新京極」，無意間撞見和泉式部的誠心院，以及與四条大道並行的高瀨川畔，矗立著司馬遼太郎《龍馬傳》歷史小說裡的池田屋跡碑、坂本龍馬寓居跡碑、土佐藩邸跡碑，以及坂本龍馬與中岡慎太郎遭難の地碑等文學地景，不由令人興起對文學作品所承載的歷史與文學遺址的特色，產生幾許愴然況味。

或者，當我一路轉換鐵道，乘車去到奈良飛鳥遺跡所在地，所有那些經由文學作品呈現的實地實景，何止歷歷在目。我就站在文學景地，我進入文學作品中不可思議的時光隧道裡；那是目睹文學家把文學種植在土地上，撩人心情昂揚，充滿勃勃興致的多樣文學旅行的滋味。

幽玄的京都和奈良，感謝多位作家、學者和教授等好友，誠心推薦「日本古都雙璧の文學之旅」二書。

位於奈良縣高市郡，建於703年，原名南法華寺的壺阪寺大佛

奈良文學地景圖

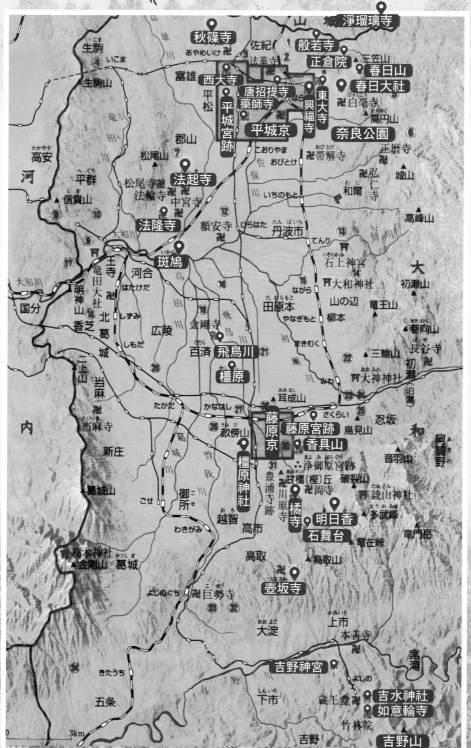

淨瑠璃寺

秋篠寺
あやめいけ

般若寺

佐紀
法華寺

正倉院

三笠山

春日山

西大寺

唐招提寺
藥師寺

東大寺

興福寺

春日大社

白毫寺

平城宮跡

高円山

平城京

奈良公園

生駒

いこま

生駒山

富雄

平松

郡山

松尾山

帯解寺

正暦寺

おびとけ

おびとけ

弘仁寺

城山

和爾

高峰山

高安

河

平群

信貴山

松尾寺
法輪寺
中宮寺

法起寺

額安寺

ひらはた

丹波市

てんり

石上神宮

大

初瀬山

大和神社

龍王山

巻向山

長谷寺

法隆寺

斑鳩

王寺

竜田大社

河合

はたけだ

しずみ

田原本

山の辺

柳本

三輪山

初瀬

泊瀬

明神山

香芝

北葛城

広陵

金剛寺

飛鳥

やなぎもと

大神神社

大和川

国分

当麻

当麻寺

新庄

百済

飛鳥川

橿原

耳成山

藤原京

藤原宮跡

香具山

鳥見山

忍坂

音羽山

阿騎野

和

葛城山

御所

ごせ

越智

高市

橿原神社

橘寺

豊浦寺跡

川原寺

浄御原宮跡

甘樫（樫）丘
岡寺

破裂山

談山神社

多武峰

明日香

石舞台

竜在峠

竜門岳

葛木神社

金剛山

葛城

わきがみ

高取

高取山

壺坂寺

よしのぐち

巨勢寺

大淀

おおよど

上市

本善寺

五条

きたうち

吉野神宮

よしの

下市

蔵王堂

吉水神社
如意輪寺

竹林院

吉野

吉野山

3km

神鹿與佛陀走在平城京的朱雀大路
——奈良的歷史與文學旅行

歷史——風華絕代了近百年的奈良

　　西元 592 年到 710 年的日本史稱為「飛鳥時代」，「飛鳥」二字係根據遺址所在地，奈良以南二十五公里處的明日香村而得名（註 1）。一百多年的飛鳥時代，同時也是日本重要的文化、社會和政治交流發展相當旺盛的階段，主要原因在於，這時期的人文受到中國隋唐二朝傳入的佛教影響至鉅，文化資源充沛，故而奠定長足發展的基礎。史學家認為，佛教的引入是使日本社會結構改變的重要因素，也是日本國的稱呼從「倭」演進成為「日本」的主要歷程。

　　若從人文發展研判，藝術史和建築史學家細究結果，一致認定飛鳥時

註 1：「飛鳥」與「明日香」日語的古語同音。

左頁
左：飛鳥寺的聖 太子立像
右：奈良時代第 45 代聖武
　　天皇繪像

右頁
左：遷都京都的第 50 代桓
　　武天皇繪像
右：明日香村高松塚古墓群
　　出土的仕女壁畫

代分為兩個時期：646 年大化革新結束，受到北魏和百濟（註 2）的影響和佛教文化傳入的「飛鳥時代」；以及大化革新之後，受到隋朝和唐朝文化影響的「白鳳時代」。

　　大和政體在飛鳥時代發生巨大變革，從政治角度的狹義層面來看，飛鳥時代指的是 593 年聖德太子攝政，推行政改，直到 694 年持統天皇從飛鳥淨御原宮遷都至藤原京為止的 102 年間；或 710 年元明天皇從藤原京遷都至平城京為止的 116 年間。之後，便是「奈良時期」。

　　日本歷史發展中，奈良時期始於 710 年元明天皇遷都至平城京奈良，終於桓武天皇遷都至後來稱為京都的平安京的 794 年。

註 2：百濟，國名。位於今朝鮮半島西南部。相傳是東漢末年扶餘王尉仇臺的後
　　　代，因以百家濟海立國，故稱「百濟」。晉時盡據馬韓地，吞併諸國，屢
　　　與高麗、新羅作戰。隋末唐初頻頻遣使。後因侵犯新羅欲斷其通唐之路，
　　　而為唐高宗所滅。

左：日本第 1 代神武天皇御陵
右：飛鳥時代的首都藤原宮跡

　　近百年的奈良時代，歷經八代天皇，元明女帝是奈良時代第一位天皇。她死後，尚有元正（女）、聖武、孝謙（女）、淳仁、稱德（原孝謙）、光仁、桓武。女人在奈良朝總計占了四代共三十年。聖武這一代幾乎是皇后光明子掌政，淳仁這一代也是上皇孝謙的天下。史學家認為奈良朝是女人統治日本最多、最長的年代。

　　平城京建都，乃模仿唐朝京城長安，東西長約四點三公里，南北約五點二公里。大內與平城宮占地約為一點二平方公里，位於北側中央，朱雀大路由北向南將京城分為兩邊，東側稱為左京，西側稱為右京，又有數條東西及南北向的大路，將城內區分為八十四坊，每坊十六坪，其中平城宮占四坊，寺院、東西市、陵墓占十坊左右。

　　平城京建都後，從各地遷入奈良的人口約有二十萬之多，建築和生活方式，猶似置身盛唐時代的長安城，一幅「春城無處不飛花，寒食東風御柳斜。日暮漢宮傳蠟燭，輕煙散入五侯家」的景象；尤其甚者，天皇授意僧侶建造的寺院，著名的南都七大寺：大安寺、　師寺、元興寺、興福寺、東大寺、西大寺、法隆寺等，愈益豐富了奈良的宗教文化色彩。

　　遷都平城京之後的奈良時期，歷代天皇注重農耕、興修水利、獎勵墾

左：藤原宮跡一景
右：奈良時代的首都平城宮跡

荒，社會經濟得到有利發展，加諸受到盛唐、印度與伊朗文化的薰陶和影響，從而出現日本史上第一次文化全面昌盛的年代，全國大興寺院、造佛像，堂皇的繪畫、華麗的裝飾藝術，至今依舊完好的存藏於奈良眾多寺院裡，以及正倉院的寶物庫中。

由於朝廷重視佛法佈道，因此，源於飛鳥時代聖德太子的推廣、奠基，特別是佛教美術，如七世紀初期開創日本佛教信仰的飛鳥文化；七世紀後期獨樹一幟的白鳳文化；八世紀中葉受到盛唐文化影響，以寫實手法表現人類豐富情感的天平文化等，都在奈良時期開始繁榮起來。

話說，大和時代豪族政爭，用明二年蘇我馬子滅物部氏，崇峻五年天皇遭暗殺，蘇我氏外孫女豐御食炊屋姬即位為推古天皇，由厩戶皇子聖德太子以皇太子之尊輔政。聖德太子輔政後大力進行改革，遣使入隋、唐學習文化與社會制度。後又推行新政，制定冠位十二階、頒布憲法十七條、採用曆法、編修國史、使用天皇名號、興隆佛教。

再則，奈良時期足以跟佛教美術相互媲美文化盛舉者，非大伴家持編纂的《萬葉集》莫屬。

《萬葉集》總計收集了八世紀中葉前約四百年間，上至天皇下至庶民

所撰寫，四千五百餘首的和歌，這些和歌如實的反映古代日本人樸素的生活與對大自然情感的抒發。此外，保存日本最古老的歷史書籍《古事記》（712 年）、最古敕撰歷史書《日本書紀》（720 年）、最古的漢詩集《懷風藻》（751 年）等，都是這個時期華麗的文化產物。

另外，飛鳥時代的日本已從隋唐、高句麗、百濟、新羅（註 3）等地傳入「仗樂」，仗樂源於中國的踏歌。到了奈良時代，唐樂、渤海樂、林邑樂等樂舞又東傳日本，成為流行音樂。天武、持統兩位天皇曾設置專門樂官，對日本後來的歌舞、音樂發展極具影響。

天平勝寶三年（753 年），日本宮廷又仿傚唐制，替女踏歌、女樂設置內教坊，為了配合特技與魔術表演而演奏的散樂也相當盛行，並成為日後猿樂的雛型。

奈良觀光代言物遷都君

註 3：新羅，國名。古代朝鮮三王國之一。相傳為赫居世所建，至西元四世紀中葉，成為朝鮮半島東南的強國。定都慶州，繼而與百濟、高句麗鼎足而立。七世紀中葉滅百濟及高句麗，趕走唐朝軍隊，幾乎一統半島。九世紀後衰落，滅於王氏高麗（王建）。新羅國王十分仰慕唐代文化，除派遣子弟至長安留學外，其文字、曆法、律令制度、服飾等盡依唐式，唐化程度十分徹底，又稱「君子國」。

奈良時期所形成的社會意象，儼然處於國泰民安的太平盛世中，然而此時的社會制度積弊，對後世影響不小，班田制難以促成，天皇專職國家的經濟發生動搖，中央集權體制因內訌而削弱。784 年，奈良時代第五十代天皇桓武繼位後，為了擺脫寺院糾纏，加上藤原種繼的建議，遂意遷都長岡京。次年種繼遭反對勢力暗殺，廢太子早良親王，立安殿親王為太子。直至 794 年始遷都平安京。

桓武天皇遷都平安京之後，象徵建都奈良的「奈良時代」結束，遷都京都的「平安時代」開始。

飛鳥時代：（592 年～ 707 年）

第 33 代：推古天皇 592 ～ 628。第 34 代：舒明天皇 629 ～ 641 。第 35 代：皇極天皇 642 ～ 645。第 36 代：孝德天皇 645 ～ 654 。第 37 代：齊明天皇 655 ～ 661。第 38 代：天智天皇 661 ～ 671 。第 39 代：弘文天皇 671 ～ 672 。第 40 代：天武天皇 673 ～ 686 。第 41 代：持統天皇 686 ～ 697 。第 42 代：文武天皇 697 ～ 707。

奈良時代：（707 年～ 794 年）

第 43 代：元明天皇 707 ～ 715。第 44 代：元正天皇 715 ～ 724 。第 45 代：聖武天皇 724 ～ 749。第 46 代：孝謙天皇 749 ～ 758。第 47 代：淳仁天皇 758 ～ 764。第 48 代：稱德天皇 764 ～ 770。第 49 代：光仁天皇 770 ～ 781。第 50 代：桓武天皇 781 ～ 806。（794 年遷都平安京，稱平安時代。）

文學——從萬葉集到鹿男的人文地景

　　奈良時期所彰顯的日本文學作品中，最具歷史價值且流傳至今者，當屬被指為民族歌謠的和歌《萬葉集》，以及演繹自中國的漢詩《懷風藻》。

　　完成於奈良時代末期的《萬葉集》，是日本現存最早的詩歌總集，全書共二十卷，收錄了四世紀到八世紀之間的雜歌、相聞歌、輓歌、詠物歌、譬喻歌、長歌、短歌、旋頭歌等四千五百餘首吟詠愛情、勞動、自然景物、神話傳說的歌謠；根據《大日本史・大伴家持傳》云：「家持善和歌，撰萬葉集二十卷。上自雄略，下迄廢帝朝，所收凡四千餘首，蒐羅該博，足以觀民風。先是篇詠未有成書，後世言和歌者，取為模範焉。」又稱：「萬葉集撰人，諸說紛紜，無所適從。今考本集，且據拾芥抄所載藤原定家說，定為家持所傳。」家持者，即指大伴家持。

　　《萬葉集》中的文字均以漢字標音，部分用來表意，部分用來表音，有時既表意也表音，使用情況十分繁複。集中收錄和歌的作者既有天皇、貴族、僧侶和文人，也有農民、士兵和民間歌人等，包括柿本人麻呂、山部赤人、山上憶良、大伴旅人、大伴家持等著名歌人。

《萬葉集》繪卷・南都八景——花之松

《萬葉集》繪卷・南都八景——春日大社鳥居

天平勝寶三年（751）編纂完成的《懷風藻》，為日本現存最古老的漢詩選集，共一卷，編纂者不詳。詩集名《懷風藻》，意喻「緬懷先哲遺風」。「藻」之一字，典出陸機《文賦》：「藻，水草之有文者，故以喻文焉」。

詩集共收錄了天智朝至聖武朝六十四位作者共一百二十首作品，全集除七首七言詩之外，其餘一百多首均為五言詩；詩風受中國六朝詩及唐初王勃、駱賓王等人的作品影響頗深。其作者都是當代皇族顯貴、朝臣和僧侶等，例如文武天皇、大友皇子、川島皇子、大津皇子、長屋王、藤原不比等父子、丹廣成、淡海三船、石上宅嗣等人和其他官吏、儒生等，書中十八人兼為《萬葉集》收錄的和歌作者。內容主要表現宮廷的侍宴從駕、宴遊、述懷、詠物等，借用儒道老莊典故，文風浮華、講求對仗。

《懷風藻》的出現，象徵自奈良時代起，日本文壇對漢文學的重視，書冊中的詩歌大多為宮廷詩宴，官式場合的酬唱，反映了當代尊尚漢文化的潮流。

除了眾所周知的《萬葉集》和《懷風藻》兩部作品，在奈良文學中，尚有著名的傳記與小說。如淡海三船所著《唐大和上東征傳》和思托的《延曆僧錄》等傳記文學，如無名氏的

上：《萬葉集》繪卷・南都八景——
　　三笠山雪景
中：《萬葉集》繪卷・南都八景——
　　春日布生橋風景
下：《萬葉集》繪卷・南都八景——
　　雪消澤邊風景

小說《蒲島子傳》等，均在日本文學史占有一席之地。

《唐大和上東征傳》又名《鑑真過海大師東征傳》或《鑑真和上東征傳》，寶龜十年（779）成書。本書記述唐朝僧人鑑真應日僧容睿、普照等人邀請，乘船東渡，幾經波折始抵達日本傳佈佛法律宗，並於奈良東大寺設戒壇，建唐招提寺的經過。近代作家井上靖也以此書為藍本，寫作出版了著名的《天平の甍》，後經改編拍成電影。

《延曆僧錄》一書則為鑑真弟子思托所著，延曆七年（788）成書，其立傳不侷限於僧侶，書文涉及帝王、皇后、官吏、居士等，範圍極廣。

小說《蒲島子傳》成書早於《萬葉集》，是日本現存最早的漢文小說。這本書使用和式古漢語寫作，其題材與文體樣式，皆類似唐代的傳奇小說。

　　直至現代，以奈良為寫作舞台的文學作品繁多，其中最受矚目的就屬萬城目學的《鹿男あをによし》，本書中文譯名《鹿男》；小說以一位任職於平城宮跡附近，某女子高中代理教師的男主角，無意間被出沒在奈良公園飛火野的神鹿相中為使者，並授予必須尋找三角緣神獸鏡，以遏止日本滅亡的使命所衍繹的奇幻小說，情節生動、溫馨，涵蘊著歷史、古蹟、地景和文學的特質，2008 年被改編成由玉木宏主演的電視劇之後，更受到萬眾矚目。

名家——名著與奈良文學地景

名家	名著	文學地景
大伴家持	萬葉集	新藥師寺、鏡神社、不空院、萬葉文化館
三島由紀夫	豐饒の海（四部曲）	圓照寺（月修寺）
川村たかし	新十津川物語	新十津川
太宰治	吉野山	吉野山
井上靖	天平の甍	唐招提寺
今東光	弓削道鏡	奈良
五木寬之	風の王國	仁德天皇陵
司馬遼太郎	義經	吉野山、吉水神社
正岡子規	寒山落木	法隆寺
立原正秋	花のいのち	春日大社本殿
吉岡道夫	東大寺お水取り殺人事件	東大寺
吉川英治	宮本武藏：般若坂の決鬥	般若坂
吉川英治	私本太平記	奈良
吉川英治	親鸞	奈良國立博物館
吉村遊三	飛鳥の悲唱	飛鳥
安永明子	井上皇后悲歌：平城京の終焉	平城宮跡
池田小菊	東大寺物語・愛と死	東大寺
谷崎潤一郎	吉野葛	吉野山
谷崎潤一郎	二月堂の夕	二月堂
邦光史郎	飛鳥の謎	飛鳥、石舞台、明日香村

名家	名著	文學地景
志賀直哉	早春の旅	奈良
志賀直哉	池の緣	下の禰宜道、志賀直哉舊居
住井すゑ	橋のない川	奈良縣小森部落
折口信夫	死者の書	奈良縣葛城市當麻寺
芥川龍之介	龍	興福寺、猿澤池
林一雄	飛鳥夜話	飛鳥
和久峻三	大和路鬼の雪隱殺人事件	大和路
和辻哲郎	古寺巡禮	飛火野、唐招提寺金堂
信濃前司行長	平家物語	平重衡火燒奈良
高浜虛子	斑鳩物語	斑鳩法起寺
淡海三船	唐大和上東征傳	唐招提寺
島村利正	奈良飛鳥園	飛鳥
森鷗外	奈良五十首	正倉院、奈良國立博物館
堀辰雄	淨瑠璃寺の春	淨瑠璃寺
堀辰雄	曠野	興福寺、新藥師寺
會津八一	鹿鳴集	東大寺、春日大社
萬城目學	鹿男あをによし	西大寺、東大寺、平城宮跡、黑塚古墳館
龜井勝一郎	聖德太子	奈良
龜井勝一郎	大和古寺風物詩	法華寺、藥師寺
龜井勝一郎	飛鳥路	飛鳥

宗教——東大寺及盧舍那大佛像

　　奈良位於日本中部，是古都名城和眾神的故鄉，也是八世紀日本首都平城京所在地。794年，桓武天皇遷都平安京以後，奈良成為南都，以日本佛教中心發展起來。是故，奈良又有「東方的羅馬」之譽，日本人稱其為「精神故鄉」和「絲綢之路的東方終點」。

　　從飛鳥時代、白鳳時代到奈良時代，隨著起源自印度，後經中國隋唐、朝鮮傳入日本的佛教，於遷都奈良之際，如元興寺、興福寺、大安寺、藥師寺等大寺均遷往新都，另則，以天皇為核心的朝廷，大肆興建寺院佛堂，最著名者首推由聖武天皇興建的東大寺。

　　由聖武天皇在740年發願，於743年開始興建的東大寺及盧舍那大佛像，耗費了龐大的人力和物力，還動用舉國財力，並號召信眾自願出力支

左頁
左：奈良時代的
　　木雕觀世音
　　像
右：藥師寺收藏
　　的「釋迦‧
　　涅槃」圖

右頁：法隆寺的
　　　金堂與五
　　　重塔

持，751 年大佛殿建造落成，整座東大寺所象徵的宗教信仰中心始告完成。

奈良時代的寺院分為國家的大寺、國分寺以及隸屬於私人寺院的定額寺、普通的私寺等。國家的大寺，是根據歷代天皇和皇室成員敕願所建，稱「御願寺」，如「南都七大寺」的東大寺、興福寺、元興寺、大安寺、藥師寺、西大寺、法隆寺等皆是。「定額寺」為定額所限而得到朝廷承認的大寺，由官吏或貴族建造，管理和維修則由國司和造寺施主共同負責。

國家大寺的主要經濟來源在於天皇、朝廷和貴族的施捨，包括土地、封戶、奴婢及財物等。如 749 年，東大寺建造接近完成時，天皇便施予東大寺墾田一百町，不久，又詔定墾田限額可達四千町，前後施封七千五百戶，另施予奴婢達四百多人。

奈良時代，日本佛教宗派逐漸形成六大宗：三論宗、成實宗、法相宗、俱捨宗、華嚴宗和律宗，史稱「奈良六宗」。

三論宗以研習龍樹《中論》、《十二門論》、提婆《百論》三部佛經

而得名。起源於印度，後由鳩摩羅什（註1）傳入中國。至隋朝的吉藏（註2）集其大成。625年，吉藏的弟子高麗僧人慧灌將三論宗傳入日本，後由法隆寺的智藏、大安寺的道慈發揚成為日本古代佛教的重要宗派。

　　成實宗研習印度訶梨跋摩（註3）所著《成實論》，依附於三論宗傳入日本，但在日本未成為獨立的佛教宗派。

　　法相宗也稱唯識宗、有相宗、慈恩宗等，由唐玄奘及其弟子窺基創立。主要繼承古印度瑜伽行派學說，所依經典據稱為六經十一論。653年，道昭入唐從玄奘學此宗，歸國後以元興寺當中心傳法，為法相宗第一傳。658年，智通、智達乘新羅船入唐，師從玄奘學習法相宗，歸國後在元興

註1：鳩摩羅什，人名。生卒年不詳。鳩摩羅什為梵語的音譯，義為童壽。中國
　　　佛教史上四大譯經家之一。父籍天竺，鳩摩羅什生於西域龜茲國（今新疆
　　　庫車一帶）。

註2：吉藏，人名。隋、唐高僧（549～623）。中國佛教三論宗創始人。

註3：訶梨跋摩，三、四世紀間印度的佛學思想家。

左：鑑真上人坐像
右：奈良時代的唐僧「鑑真上人」第六度乘船成功渡海到日本繪圖

寺傳法，為法相宗第二傳。第一、二傳又稱南寺傳。703 年，在日本的新羅僧智鳳、智鸞、智雄奉敕入唐，從智周學習法相宗，歸國後弘傳此宗，為法相宗第三傳。716 年玄昉入唐從智周學習法相宗，為法相宗第四傳。第三、四傳又稱北寺傳。

俱舍宗主要研習印度世親著《阿毘達摩俱舍論》，道昭、智通、智達、玄昉等人將法相宗傳入日本時同時傳入，為法相宗的附宗。

華嚴宗以《華嚴經》為主要經典。因唐時創始人法藏受武則天賜號「賢首」，故又稱賢首宗。736 年，唐僧道璿將華嚴宗章疏傳到日本。740 年新羅僧審祥到日本宣講宗義，傳法於日僧良辨，以東大寺為根本道場，開創了日本的華嚴宗。

春日大社山門

東大寺盧舍那大佛像　　　　　　　　　奈良般若寺

　　律宗以研習及傳持戒律為主，以《四分律》、《梵網經》為宗義。天武天皇時，道光歸國首傳，736 年唐僧道璿抵日宣講戒律。754 年鑑真（註4）抵日，於東大寺設壇傳戒，繼而又創設戒壇院。鑑真成為日本律宗的始祖，於 759 年創建唐招提寺，為該宗總本山。

　　奈良時代的佛教，在朝廷直接控制之下，被當成鎮護國家的寶典，因而與政治關係密切，這些建築在城市之中的寺院，後來稱為「都市佛教」。當前，奈良的佛院以東大寺、春日大社、興福寺、藥師寺、唐招提寺、元興寺、法隆寺等最為著名，前往參拜的遊客絡繹不絕。這一系列寺院於1998 年 12 月 2 日，被聯合國教科文組織登錄為世界遺產，也是日本的第九件世界文化遺產。其中寺院及山林景觀包括：東大寺、正倉院、興福寺、春日大社、元興寺、藥師寺、唐招提寺、平城宮跡和春日山原始林。

註 4：鑑真，唐朝僧人（688 ～ 763），江蘇揚州江陽縣人，律宗南山宗傳人，
　　　日本佛教律宗開山祖師，著名醫學家。

尋找三角緣神獸鏡的鹿男

——關於萬城目學及其文學作品景點

關於——萬城目學

　　1976 年出生大阪的萬城目學，畢業於清風南海高等學校、京都大學法學系，年輕時曾就職靜岡縣某化學纖維公司總務經理，後來因為職務調動，他被派往業務更為忙碌的東京；然而，率性的萬城目學一心想成為小說家，為了顧及寫作，主動向公司提出辭職。最後，索性搬到東京，隻身住進空間狹小的公寓裡專事小說創作。

　　2002 年、2012 年曾經造訪台灣的萬城目學，於 2006 年初試小說寫作，即以「不受女生歡迎、不知如何表達情感的大學男生」為主題寫作的《鴨川荷爾摩》一書，獲得第四屆日本 Boiled Eggs 新人賞，正式以作家身分登場。《鴨川荷爾摩》出版後，不僅熱賣暢銷，更於 2007 年入圍日本出

左頁
左：《鹿男》作者萬城目學
右：萬城目學的簽名字跡

右頁
左：《鴨川荷爾摩》書影
中：《豐臣公主》書影
右：《偉大的咻啦啦砰》書影

版界的奧斯卡「書店大獎」，這個獎項是由日本全國書店店員共同推選出最受歡迎的暢銷書賞；同年又榮獲《書的雜誌》年度娛樂小說首獎，以及大型綜藝節目「KING'S BRUNCH」舉辦的 BOOK 大賞新人獎等。一時之間，風起雲湧，成為席捲日本出版界的超級話題書，並廣受各大媒體和讀者好評，銷量直逼五十萬冊，不久，該書被改編拍成電影，由「電車男」主角山田孝之和栗山千明領銜主演。

初試啼聲即一鳴驚人的萬城目學，由於第一本書的成功，人生也跟著起了極大變化，他個性中充滿大阪人特有的幽默與風趣，對於小說創作格外具有毅力和信心。

2007 年，以「神經衰弱的男老師和會說話的奈良神鹿」為主題的第二本小說《鹿男》，甫一出版，不但再次入圍「書店大獎」，更入圍了日本文壇最高榮譽的「直木賞」。日本著名的「讀書達人」金原瑞人教授曾

對萬城目學的作品讚不絕口，認為有朝一日他必定會得到「直木賞」。

《鹿男》再度成為暢銷書，不僅使文壇前輩刮目相看，更獲得電視公司青睞，改編拍成電視劇，由玉木宏和綾瀨遙領銜主演，電視劇播出後，收視屢創佳績，且奪得第十一屆「日刊 Sport 劇集大獎」最佳戲劇、最佳男主角和最佳女配角等三項大獎，日本 Yahoo 網站還票選為 2008 年冬季日劇滿足度第一名！

其後，他又以「戀愛荷爾摩」番外篇「談不成戀愛的大學女生」為主題，出版個人的第三本小說《荷爾摩六景》，這本小說同樣以精采的內容贏得日本亞馬遜書店讀者四顆半星的超人氣好評。

之後的長篇小說《豐臣公主》上市未及一個月即創下十萬本的銷量，二度入圍問鼎「直木賞」，NHK 隨之改編成廣播劇。

在日本文壇嶄露頭角、創造書市票房奇蹟的萬城目學，分別以京都、奈良、大阪為小說創作舞台的《鴨川荷爾摩》、《鹿男》與《豐臣公主》，被讚譽為「關西三部曲」，他小說中的幽默元素和天馬行空的想像力，讓文學創作的天際遼闊無比。

萬城目學出版的作品集有：《鴨川荷爾摩》、《鹿男》、《荷爾摩六景》、《The 萬步計》、《豐臣公主》、《鹿乃子與瑪德蓮夫人》、《偉大的咻啦啦碰》。

關於——萬城目學的《鹿男》

　　中譯本叫《鹿男》的《鹿男あをによし》，是日本新銳作家萬城目學的人氣小說。銷售數量於 2007 年出版問市第一年即突破二十萬冊之多，同年夏季更成為第 137 回「直木賞」的候補人選、2008 年 1 月入圍「2008年本屋大賞」的十部作品之一；是一本兼具歷史、奇幻、趣味，不可思議的小說。

　　故事以第一人稱撰述，主角「我」，二十八歲，原本在大學研究室做實驗工作，因為跟助手相處不來而被冠上「神經衰弱」的綽號。後來經由大學教授勸說，前赴奈良女子高校擔任代理教師；到任之後，不僅無端遭受學生耍弄，還被學生「無視於存在」的態度阻撓，無法產生師生間的交流，讓「我」有走投無路的不良感受。

The fantastic Deer-Man

《鹿男》書影

　　秋季來臨時，「我」在奈良公園東大寺大佛殿前的草地，遇見一隻會用人類的語言說話的神鹿。神鹿從一千八百年前守護人類迄今，為了每六十年一次「神無月」的「鎮壓儀式」，牠任命「我」擔任運送「目」的信差。

　　「目」在人間被稱作「三角」，會由狐狸所選定的女性擔任「使者」，把它交給「我」，不過「我」卻不是很

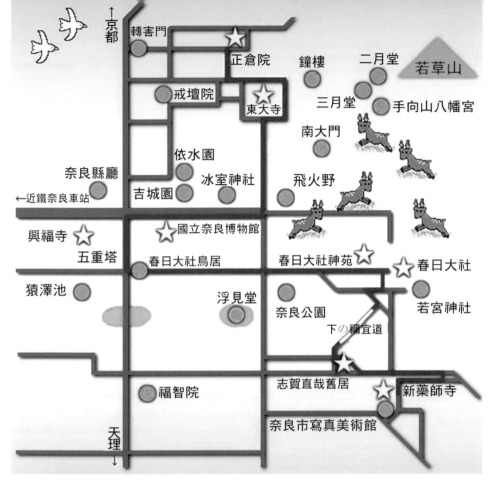

上：奈良公園周邊風景地圖
下：奈良公園到處可見鹿隻

在意這位女性「使者」，結果任務失敗，拿到不是神鹿所說的「三角」的東西。「三角」究竟是什麼？神鹿直接挑明著說：「目被老鼠奪走了！」

鹿、狐狸、老鼠？還搞不清楚狀況的「我」，隨即被神鹿烙上印記，導致頭部逐漸變成鹿的模樣。後來神鹿警告「我」說：「如果沒能把『目』

左：奈良公園悠遊自
　　在的鹿
右：奈良公園悠閒的
　　鹿
右下：奈良公園以鹿
　　　多聞名

拿回來，日本就會滅亡。」這是何等嚴重的事啊！

　　就在「我」尋找「目」的同時，日本東方一帶持續地震不斷，也就是說，傳說中活在地下那一隻大鯰魚正蠢蠢欲動，這是富士山將要爆發的徵兆，一旦富士火山爆發，日本就將面臨毀滅。如此說來，神鹿就是要用「目」的力量來封住大鯰魚的騷動。

　　這時，「我」任教的奈良女子高校，即將跟京都和大阪的姐妹校進行一年一度的「大和杯」運動交流，每次比賽就好比奧運一樣熱鬧。過去的「大和杯」只是劍道社之間的競逐，現在則加入羽球等運動項目。所有獎項，只有劍道比賽的優勝者不用一般獎盃，而是使用背面刻有古代神獸圖樣的獎牌，因其形狀特徵而被稱為「三角」。獎盃由主辦的學校保管，比賽規則也由主辦學校自由選擇。

　　五十九年以來，劍道比賽一直由京都女高獨佔鰲頭，「我」擔任顧問的奈良劍道社，卻只有三名體能弱勢的社員，由於聽說劍道比賽的優勝獎盃叫「三角」，「我」認為那個獎盃應該就是神鹿所說的「目」，為了

拯救日本面臨的危機，「我」這個劍道社顧問，就得全力以赴，奮戰起來……。

　　《鹿男》一書的故事背景，以古都奈良為創作舞台，融合了日本神話與歷史情節，蔚成高潮迭起又曲折迴轉的奇幻小說。萬城目學在這本充滿想像力、縝密結構和躍動著幽默對白的書冊裡，加入趣味橫生的人性光澤元素，讀來使人歡悅不已。台灣版的《鹿男》由皇冠出版公司出版。

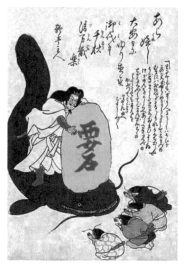

左頁
左上：鹿是奈良的象徵
右上：《鹿男》一書的神祕物「三角緣神獸鏡」
左下：傳說在地底活動的大鯰魚

右下：《鹿男》一書和戲劇成為行銷奈良觀光的最佳象徵

右頁
左：日劇《鹿男》海報
中：《鹿男》演員合影
右：《鹿男》主角玉木宏

關於——日劇的《鹿男あをによし》

　　萬城目學原著的小說《鹿男あをによし》於 2008 年改編為電視劇，全劇以古都奈良為背景舞台，實地實景拍攝。原著中迷戀歷史而結了婚的社會學男性教師藤原，在戲劇裡成為次要人物，並改變性別由綾瀨遙扮演，劇本設定她為主角最重要的夥伴。而小說中的男主角「我」，在電視劇裡被賦予「小川孝信」的名字，這個由玉木宏飾演的奇特人物，從小就衰運連連，學校畢業後，在大學的研究所裡，因人際關係處理遲鈍，不但弄丟了實驗室的研究工作，就連女朋友也跟別的男人跑了！萬念俱灰的他，接受教授的建議，離開東京，前往奈良女子高校擔任理科的老師。

　　原本以為可以在奈良這座樸實的古都重燃新希望，未料從住宿往學校的路上，偏巧遇到一隻會說人話的鹿！

　　鹿以低沉的聲音告訴小川孝信：「你被選為『信差』，一定要把『目』拿回來，不然就會有大事發生！」小川孝信雖然百般抗拒，後來卻發現自己的頭上竟然長出了鹿耳、鹿角……。

鹿男あをによし

鹿男あをによし

這究竟是怎麼回事？

這部電視連續劇的製作人是富士電視台的土屋健，他在講述小說情節時特別提到：「該作品非常有趣的地方是使用難以想像的劇情展開令人意想不到的玄幻色彩，具有強烈吸引力。我想挑戰前所未有的那種不可思議且壯大的故事。」他在說明選角的理由時也提及：「閱讀原著時，腦海裡便浮現出玉木宏一邊被視為荒唐無稽的指令迷惑、玩弄，一邊還奮鬥著要搶救日本免於毀滅的樣貌。除了他以外，再也沒有其他的人選了。」

而主角玉木宏的演技顯然沒讓期盼的觀眾失望，他成功的詮釋了那位被認為有些神經質，卻又充滿喜感的理科教師，更讓整齣戲劇的奇幻冒險精髓，從他時而糊里糊塗，時而精明幹練的神態中彰顯出來，使全劇故事串聯日本神話中，用鹿、狐狸、老鼠鎮壓在地底活動的大鯰魚，以免地震

左頁
左上：《鹿男》海報
右上：《鹿男》海報
左下：《鹿男》劇照
中下：《鹿男》劇照——女主角跟神鹿對話
右下：《鹿男》劇照——京都伏見稻荷大社

右頁
左：《鹿男》劇照—宿舍
右：《鹿男》男主角進入過的學生制服店

引發日本滅國；以及京都、奈良、大阪三所女高校的校際劍道比賽所展現的神祕氣氛，在在將整部原著小說所欲表達的神話與寫實、歷史與風景的綜合體驗，表露無遺。

奈良既為《鹿男あをによし》一劇的主場景，富士電視台播出共十集的電視劇之中，幾乎把奈良所有名勝古蹟全拍攝入鏡，眼明的觀眾甚至可以一眼望穿那些著名的文學地景，包括：近鐵奈良站、平城宮跡朱雀門、飛鳥車站、冬野川の棚田、黑塚古墓、高松塚古墳、石舞台古墳、猿澤池、南大門、東大寺、東大寺講堂遺址、東大寺貓段和鐘樓、若草山、春日大社、飛火野、鷺池和浮見堂、奈良ビブレ、TEN.TEN.COFE 等。

奈良車站遇見遷都君

《鹿男》的文學地景——奈良車站、遷都君

　　1890 年 12 月啟用，位於奈良市三条本町 1 番地的奈良車站，為了配合關西線鐵道高架化工程，鐵道局將這座外觀融合了西式建築和日本寺院特徵，占地五百平方公尺，總重量達三千五百噸重的古樸車站，置於軌道上，利用十二架千斤頂，以每小時一公尺的速度，原封不動往車站原址的北側遷移十八公尺，如今，這座舊車站已然變更成為奈良市綜合觀光案內所，以及活動集會的場所。

　　位於奈良市東向中町的近鐵奈良站，則是當前到奈良觀光旅遊的主要進出站；依舊融合了日式寺院和西洋建築的近鐵奈良站，廣場前的圓弧形水池中，供奉了一尊在奈良朝對文化貢獻良多的行基菩薩雕像，使人深切感受到奈良與宗教之間緊密的關係，比起京都，更適合以「古都」相稱。

　　這是從車站出口，踏入奈良土地第一時刻的必

左頁：舊奈良車站

右頁
上：變更為綜合觀光案
　　內所的舊奈良車站
左下：奈良時代對文化
　　　貢獻良多的行基
　　　菩薩雕像
右下：近鐵奈良車站

　　然感受，佛寺與宗教無所不在、無處不有的奈良，使人彷彿置身在佛的國
度，清清朗朗的流露出一陣寧謐、安詳的氣氛。從車站到奈良公園很近，
也許只要五分鐘腳程，那裡有興福寺、東大寺和春日大社，是個臨佛平和
親切，神鹿的天堂。

　　　除了佛和寺院，奈良街市到處可見頭長鹿角，日文名叫せんとくん
（遷都君）的吉祥人偶，這個為紀念平城京遷都一千三百年而誕生的「奈

1：「奈良代言人」遷都君
2：遷都君又稱鹿角童子
3：十二種以上不同樣貌的遷都君
4：遷都君又稱戰鬥君，也有稱鹿坊主

5：在奈良到處可以遇見微笑的遷都君
6：變妝文官的遷都君
7：遷都君的戀人蓮花ちゃん
8：變妝耶誕老人的遷都君

良代言人」，別名不少，有人稱他戰鬥君，也有稱鹿坊主、鹿角童子、蒼角王子、TKO 木下或奈良のアレ。

在奈良，到處可以遇見他，他的造型被設計成十二種以上不同的樣貌，有時還會隨季節或節慶變妝成穿著各式服飾的可愛娃兒；唯一不變者，就是頭型如彌勒佛一般生動的笑容。這個「平城の童子」的生日被設定為 2008 年 2 月 12 日；他的戀人「蓮花ちゃん」是以「中將湯」的研發者「中將姬」為雛型，所塑造出的角色。

或許可以這樣說，鹿角童子就是鹿男，《鹿男》小說中的主角「我」就是從這裡展開一連串不可思議的奇幻之旅。

文學地景：近鐵奈良站，位於奈良市東向中町。

初到奈良的鹿男小川孝信

《鹿男》的文學地景——奈良車站市集通

　　從近鐵奈良站前往奈良公園，必須經過站前市集通，這一條商店街路段不長，兩旁各式商店大都販售各式紀念品和當地名產，如漬物、和菓子；兼而得見幾間小型餐館。玲瓏有致的商店街，鹿男走過，許多到奈良旅遊的人都走過，輕步緩行，忽然想起初到奈良女子高校教書的鹿男小川孝信的心情；說悲哀，未免莫可奈何，「悲哀」本就不是他的性情，他性格中最優質和最低質的部分全聚合成，唯有低頭認命、一往直前、不怕艱難的氣魄。故事如是描述著：

　　小川孝信因為在研究所的實驗室和同僚相處不睦，導致關係惡化，弄丟了在大學研究室的工作，教授好意介紹他到奈良女高當老師。面對急轉變化的情勢，從小遇到事都會倒楣透頂的小川認為，這恐怕又是另一次無法抗拒的宿命。

站前市集通的台灣小吃店

　　就連搭火車到奈良，一路上還是在車廂裡遇到說巧不巧的倒楣事，去到奈良女高，他很快在宿舍結識了同在女高任教歷史的藤原道子，小說中的這號人物，在日劇中被改編成女性，一般都稱呼她「藤原君」。

　　第二天，小川孝信到奈良女高報到，初來乍到教職員辦公室，就遇上了副校長小治田史明，旋即被安排到一年級 A 班擔任教師。

　　班上的學生相當散漫，根本不理會小川這個沒氣勢的菜鳥老師。點名後，小川發現，有個名叫堀田伊都的學生不在座位，正打算在她的上課出勤表記上缺席當下，一個女生突然冒冒失失衝進教室，她就是那名遲到的堀田伊都。

　　面對小川緊追不捨的逼問，堀田以極度荒謬的理由搪塞遲到的原因，小川雖然不滿意，卻因為自己是外地來的人，根本無法質疑學生；回到辦公室後，他把堀田怪裡怪氣的說詞轉述給同事聽，大多數同事也都指稱堀田明顯的在撒謊。唯獨藤原君這時卻說堀田明明就是個聽話的好學生，為什麼這一次的行為變得特別怪異。

　　上課第一天就被遲到又呼攏他生來一張野生魚臉的堀田伊都搞得心情不好，之後，每天的黑板上都出現挑釁他的奇怪文字，如：「內褲三件一千」、「襪子四雙一千」……，甚至包括只有他跟鹿才知道他吃過不是給人食用的鹿仙貝的祕密等，都讓他覺得倒楣透了。

　　為什麼偏偏是堀田伊都？這當然是有原因的，殊不知，堀田伊都在整個關於「三角緣神獸鏡」的奇幻故事裡，一樣屬於奇怪卻又重要的角色。

　　《鹿男》情節之所以迷人，在於作者安排小川孝信到奈良來的那一刻起，便狀況連連，使人發噱不已。

　　文學地景：奈良車站市集通，位於奈良市東向中町，奈良車站前往奈良公園的路上。

原來奈良公園的神鹿會講人話

《鹿男》的文學地景——奈良公園

奈良公園位於奈良市東部，東西長四公里、南北寬二公里，面積廣闊、草原綠樹林立，興福寺、若草山、飛火野、東大寺、春日大社，以及專門展出佛教藝術品的奈良國立博物館等名勝古跡幾全聚在這裡。奈良公園於明治二十一年（1888）即成為縣立公園，是日本現代公園的先驅之一，大正十一年（1922）被指定為國家名勝。

公園內有數以千計，可自由在園區草甸上走動的鹿群，這些鹿被視為神道教中神明的使者，神聖不可侵犯，且被指定為國家的大自然和動物保護區；奈良的鹿不僅成為這座城市的象徵，更被認定為國寶，而奈良公園自古以來便被界定是神佛和鹿的故鄉。一年四季，無論何時，這裡充滿難以計數的旅遊人潮，到若草山或飛火野賞景，到興福寺、東大寺或春日大社參拜。

左頁
左：在園區草甸上走動的鹿群
右：鹿是奈良的象徵

右頁
奈良公園的人力車伕

初到奈良女高教書的鹿男小川孝信，某天下課回宿舍途中，經過奈良公園，正巧遇到一隻在人世間生活了一千八百多年的「神鹿」，這隻鹿表面上是雌鹿，但實際上卻是以靈魂附在鹿的身上數百次來延續自己生命的公鹿，牠的個性相當倔強；因為使用眼睛的念力，除了能與人類溝通說話外，也能給予人類「印記」，這種「印記」是一種可以讓人臉變成鹿臉的法術，不過鹿本身不懂如何消除掉這「印記」。牠討厭人類社會，喜歡吃POCKY巧克力棒；跟老鼠處不來，兩者是屬於越吵越好的關係。這隻生活在奈良公園的神祕之鹿，說話態度十分嚴謹，小川想跟牠說話，必須以致敬方式，牠才肯開口告訴他相關事情。

　　無意間在公園遇上這隻鹿，小川直覺倒楣的事情又將發生了。故事如是描述著：

　　路過奈良公園時，一隻鹿突然走近小川，竟用人類的語言對他說起話來，牠告訴他，神明已經選中他成為拯救日本的「信差」了，被冠上「神經衰弱」的小川當即慌張的奔離現場。

左頁
上：奈良公園是鹿的故鄉
下：法相宗興福寺側門

右頁
左：遊客餵食鹿餅
右：奈良公園的茶屋

　　小川回到宿舍，發現藤原君和教美術的福原重久都在，但兩個人見到他的表情都顯得很奇怪的樣子。

　　之後，小川一如往常一樣走出住處，再次前往奈良公園，他試圖跟鹿說話，但這一次，鹿卻一點反應也沒有。小川暫且安下心來，回想起這幾天來的奇妙經歷，認為不過是一場夢罷了！

　　白天在學校教課，小川懷疑班上的學生堀田的問題十分嚴重，副校長小治田為了安慰他，邀請他週末一起去打高爾夫球，沒法拒絕上司好意的小川，只得無奈的答應下來。

　　不久，小川從老師們那裡得知，奈良女高（註1）和姊妹校京都女高

註1：奈良女子高等學校，位於平城宮跡附近的學校，與京都女高和大阪女高為姐妹校，在《鹿男》小說中象徵鹿。

（註2）、大阪女高（註3）運動部的「大和杯」交流競賽的日子已經迫近，尤其，今年是奈良女高擔任東道主，所以老師們都鬥志昂揚，希望能創下好成績。

　　幾天後，小川和小治田一起打完高爾夫球，回宿舍路上，他在奈良公園的草坪不斷揮桿練習，突然那隻曾對他說過人話的鹿再度出現面前，這次牠終於又開口說話了，鹿的要求震驚了愣在一旁的小川，牠要小川去一趟京都女高，並強調有人會給他一樣東西。

　　小川始終認為眼前發生的一切十分荒唐，回到學校後，藤原君竟還來拜託他，希望他能成為學校劍道部的顧問，實際上，小川對劍道一無所知，也沒經驗，如何指導學生？

　　在奈良公園遇到的事「很衰」，小川心裡想著。

註2：京都女子高等學校，位於平安京大內裡附近的學校，與奈良女高和大阪女高為姐妹校，在《鹿男》小說中象徵狐狸。

註3：大阪女子高等學校，位於難波宮跡附近的學校，與京都女高和奈良女高為姐妹校，在《鹿男》小說中象徵老鼠。

文學地景：奈良公園，離近畿電鐵奈良站只有數百步之距。從JR奈良站出發，只要步行5到10分鐘即可抵達。

《鹿男》的文學地景——若草山

　　若草山位於奈良公園東邊，鄰近春日大社，標高三百四十二公尺、面積三十三公頃，是著名青青草坪蔓延整座山脈的景觀。山頂有古墳時代遺留下來，全長一百零三公尺的圓形鶯塚古墳，又有稱「鶯山」；若草山長有野生山芝，是日本芝種中十分特別的一種，對人體的消化系統具有療效功能。

　　過去曾是火山的若草山俗稱「三笠山」，被列為自然生態保育區，從平地循登山道徒步到山頂約需三十分鐘，自山頂俯瞰興福寺五重塔，景色遼闊、優美。這座地勢平緩的草坪小山，僅於春秋兩季開放遊客入山，每年一月第四個星期六的夜晚，實行委員會舉辦燒山儀式，熊熊火焰將夜空

染紅，場面壯觀，蔚為若草山的一大景致。

　　若草山燒山的典故，據稱，源自位於登大路町的興福寺、雜司町的東大寺與鄰近若草山的春日大社，三者之間的領地紛爭，自古來即已存在不少不清不楚的糾紛，一直無法獲得解決，由於圍繞邊界線問題的紛爭逐步升高，寶曆十年（1760），遂由奈良奉行所進行仲裁，將若草山接管，用一把火將整座山燒掉，以為平息三方地界的權利紛爭。另有一種說法，燒山是為了驅趕山林裡的野獸或燒光害蟲，以及避邪鎮妖。

　　如今的燒山儀式已然成為一項觀光活動，從戰後開始，每年成人節舉行。當天午后六點開始，在春日大社點燃火種後，僧人隊伍會將火種送到山麓小神社，接著由興福寺、東大寺、春日大社的主事者共同點火，隨後燃放兩百枚煙花，火勢持續三十多分鐘。剎時，三十三公頃的若草山烈火籠罩在冬夜的天空，景象極為壯觀。

　　小說和日劇《鹿男》中的小川老師，被神鹿「要脅」當信差，心情不

左頁
左：鄰近春日大社的若草山

右頁
左：若草山俗稱「三笠山」
右：綠色草坪蔓延整座山脈的若草山

好時，常會走到若草山散心。
故事如是描述著：

　　從奈良公園回來，小川孝
信在鏡子裡看見自己的臉開始
一點一點的變成鹿臉，十分恐
慌，可小川的這張鹿臉在藤原
道子和福原重久的眼裡是看不
到的，他們能見到的小川仍是
一張人臉，所以不覺吃驚；小
川終於明白，原來這張鹿臉只
有自己能在鏡子前看得到。

左頁
上：被列為自然生態保育區的若草山
下：若草山的茅屋茶館

右頁：燒山儀式成為若草山每年重要的祭典

感到害怕的小川來到遇見鹿的地方，向牠低頭表明，希望讓自己的臉恢復原狀。但鹿卻告訴他必須辦妥牠要求的所有事情才可能復原；首先需要找到被老鼠稱作「三角」的「目」，鹿跟小川說，在「大和杯」劍道比賽得到優勝的隊伍就能獲得「三角」，而鹿把一切都押在優勝的希望上。

開始習慣和鹿對話的小川追問所謂的「三角」寶物究竟是什麼，為什麼老鼠非要爭奪它不可；他認為自己有知道真相和所有來龍去脈的權利，於是鹿便講述了一千八百多年前的故事。

回到一年 A 班的小川，從窗戶的反射中看到自己的鹿臉，再度受到打擊，就連堀田缺課都未發現。這時，行為詭譎神祕的堀田卻出現在校門口。

午餐時間，小川來到教職員辦公室，老師們告訴他學校湊不齊參加「大和杯」的五名劍道選手，兩天後就是出場員申請遞交截止日了，屆時如果還是缺人，校方就將喪失出賽資格。

小川十分苦惱，一個人來到若草山，神色不安，不知該如何是好？

文學地景：若草山，位於奈良交通バス「春日大社本殿行」終點站下車即達。

🦌 鹿男跌落到飛火野的孤獨樹下

《鹿男》的文學地景——飛火野

　　飛火野是被包括在奈良公園一部分的草原，這片遼闊的青草地旁為鹿苑，《鹿男》小說中被神鹿選為信差的小川孝信，即是在這裡和牠會面。

　　飛火野不同於奈良公園遍佈巨樹林蔭，這裡存在著大片相連到天際的綠色草地，是鹿隻群聚之處；景色開闊、視野寬敞，走在其間，不由使人神清氣爽起來；草原中有一棵被孤立起來的孤獨樹和橫亙於草坪下的一條小水溝，便是小川聽到神鹿對他說出人話時跌跤的地方。

左頁
左：飛火野遼闊的草原
右：《鹿男》男主角見到會說人話的神鹿而驚嚇跌跤的溝渠

右頁
這棵樹成為《鹿男》迷的觀光景點

這裡，在日劇《鹿男》中被安排為小川每天來回學校必經之處，後來，更成為神鹿和小川見面談話的所在。尤其，知曉了「目」的典故和祕密後，小川心裡更為忐忑不安，他不知道一個根本不懂劍道的人，如何指導奈良女高「劍道社」的成員，奪取那一面「三角緣神獸鏡」的獎牌，當得知堀田正是箇中高手時，他的心神又顯得不知如何才好。故事如是描述著：

　　小川很想確切知道堀田是否真心加入劍道社，為奈良女高贏取榮譽，然而，行事作風怪異的堀田雖然後來應允加入劍道社，卻回答只想贏得大和杯而已。有了劍道高明的堀田加入，使整個劍道社頓時充滿活力。藤原君也感到萬分開心，但只有小川仍覺得好似有什麼地方不對勁。

　　教美術的福原重久一方面以極其消沉的口吻告訴小川，即使學校符合

規則參加大和杯比賽，劍道社也不可能在選拔賽中勝出，因為一支隊伍只要輸掉其中四個人，剩下的那個人根本不可能擊敗五個對手。另方面又指出，如果讓對方看到堀田的實力，說不定他們就不會認為奈良女高沒任何可以勝出的機會了。

消息傳來劍道社主將佐倉雅代受傷，恐怕沒法參加大和杯比賽，無論小川怎麼勸說，佐倉始終不肯放棄參賽的決心。原來，佐倉曾經被大阪女高的劍道社開除，所以無論如何她都希望能在這次比賽中擊敗對方。聽了這番話，小川忽然也跟著激動了起來。

第二天一早，藤原君在奈良公園的飛火野，無意間撞見小川在跟神鹿說話，不僅感到突兀，還擔心小川的腦袋是不是生病了，便提議他轉換心情，跟她一起到飛鳥走走。

日劇的劇情安排，藤原君興奮的拉起小川的手，從飛鳥車站到石舞台、高松塚古墓館尋幽訪勝，並興高采烈地當起解說員來。

飛火野草色碧連天

飛火野青草地旁為鹿苑

飛火野是鹿男和神鹿對話所在

文學地景：飛火野，位於奈良市春日野町，市內循環バス「大佛殿春日大社前」下車，徒步 5 分鐘可達。

東大寺講堂遺址的沉思

《鹿男》的文學地景——東大寺

　　位於奈良市雜司町奈良公園內的東大寺，為南都七大寺之一，是華嚴宗全國六十八所國分寺的總本山，也是日本屈指可數的大寺院之一。

　　東大寺的起源較盧舍那大佛像的鑄造稍早，八世紀上半葉在大佛殿以東的若草山麓建立起寺院的前身金鐘寺。據《東大寺要錄》記載，天平5年（733）若草山麓創建的金鐘寺是東大寺的起源。天平十五年（743）聖武天皇頒布大佛造立之詔，天平十九年（747）盧舍那大佛像開始鑄造，「東大寺」的寺號也於此時開始。天平勝寶四年（752）天竺出身

左：被列為世界文化遺產的東大寺
右：東大寺為華嚴宗的總本山

的僧人菩提僊那主持大佛開眼會；大佛鑄造完成後，大佛殿的建設工事緊接開始，天平寶字二年（758）東大寺竣工。

因為建造在首都平城京之東，所以被稱作東大寺，另有西大寺位於奈良市西大寺芝町，平城宮跡附近。

東大寺的大佛殿正面寬五十七公尺，深五十公尺，為世界最大的木造建築。大佛殿內，放置有高十五公尺以上、重三百八十公噸的盧舍那大佛坐像，寺院內還有南大門、二月堂、三月堂、正倉院等。

左頁
上：通往東大寺必經大華嚴寺
下：朝聖路上多「神鹿」

右頁
東大寺為南都七大寺之一

南大門重建於建仁三年（1203年），屋頂上方採山形，下方採多層入母屋樣式，兩側設立有著名的雙體金剛力士像；二月堂能夠俯視大佛殿，眺望奈良市景和生駒連山；三月堂是東大寺最古老的建築物，裡面陳列八世紀雕工細緻優美的佛像，堂前為手向山八幡宮，走上三月堂旁的石階便是二月堂了。

東大寺的景觀和收藏，以正倉院最為寶貴，正倉院是東大寺的寶物庫，收藏有聖武天皇的遺物、絲路的工藝品和古文書等。在奈良時代的建築物裡，三角的木材組合之「校倉造」，以「高床式」聞名。每年秋季於奈良國立博物館主辦的正倉院展，可瀏覽平常非公開的貴重寶物。

奈良時代，東大寺的伽藍南北方向有南大門、中門、金堂（大佛殿）、講堂直線排列，講堂北側的東北西三方向為僧房，僧房以東是食堂，南大門和中門之間左右東西各有兩座七重塔，推斷高約一百公尺，周圍圍有迴廊。

　　當時代的佛教分有華嚴宗、法相宗、律宗、三論宗、成實宗、俱舍宗等南都六宗，東大寺在近代以後雖被歸為華嚴宗，但在奈良時代是六宗兼學之寺，大佛殿內收納有各宗經論的「六宗廚子」。平安時代空海在寺內設立真言院，加上真言宗、天台宗而成為八宗兼學之寺。

　　歷史上，東大寺曾多次毀於戰爭、火災及地震，現存寺院為1709年重建。史載，興建東大寺之初，幾乎耗盡當時日本全國人口的一半，總計260多萬人的捐獻或參與工事，有如雄壯的國家事業。

　　1998年做為「古都奈良文化財」的一部分，被列為世界文化遺產的東大寺，是到奈良旅遊的必到景點。從入口起，整條平坦的參道，鹿群紛沓，自由自在的摻入人潮之中；而位於東大寺後方，草坪上排列整齊的圓形石墩就是舊講堂柱子的遺址；小川疑惑鹿為何會跟他講話？是否為幻覺？他想不透「目」到底又是什麼東西時，即是坐在舊講堂遺址的石墩上沉思。故事如是描述著：

　　當小川把劍道社好不容易贏得的獎盃拿給鹿，牠卻說那不是牠要的東西；牠認為小川被老鼠騙了，神鹿還跟小川說，陰曆十月之前，老鼠會來到鹿和狐狸出現的地方，最近人類對「目」的稱呼也已經改變了；鹿更坦然告訴小川，這一切都是老鼠的圈套。

　　回到宿舍，小川把鹿說的話告訴藤原君，藤原君指出，如果沒有「目」就不能鎮住大鯰魚。

左頁
左：東大寺大殿重 380 公噸的盧舍那大佛坐像
中：東大寺大殿內觀世音雕像
右：大殿木柱的洞穴可讓孩童的身體進出，代
　　表木柱粗大
右頁
日劇《鹿男與美麗的奈良》，男主角在東大寺
講堂跡等待跟神鹿會面

　　隔天到學校上課，小川發現堀田又曠課了，正當他腹誹心謗之際，堀田蹣跚走進教室，情況回復到小川第一天到校上課的模樣，他一聲不吭板著臉孔看著堀田坐到位子上，發現堀田的臉色變得很難看；幸虧小川只說了句很過分的話之後，就要求她趕快拿出課本上課，沒料到這時堀田的臉歪向一邊，居然哭了起來，淚流不止地衝出教室。這讓小川著實嚇了一跳。

　　以為是自己失言而傷害到堀田的小川，把這件事告訴藤原君，藤原君臆斷堀田一定是遇到了什麼事才會這樣。於是，藤原君拿出一件神祕的東西要小川去跟神鹿對話，找出可能的蛛絲馬跡；她還指出，小川的行動總是受到老鼠的妨礙，應該去找狐狸幫忙，說不定會真相大白，這話讓小川困惑的心動搖起來，在藤原君的堅持下，小川去到京都，在伏見稻荷大社找到長岡美榮老師溝通，並從鹿那裡得知面對狐狸的使用信號。

　　為了如何迎對老鼠？以及老鼠究竟是誰？小川孝信坐在東大寺後院的講堂遺址，怎麼也想不透，明明已經拿到手的三角「目」，卻又不是正確的，真是傷腦筋。

文學地景：東大寺，位於奈良市雜司町。JR奈良站搭乘奈良交通バス
　　　　　「市內循環（外回り）」在「大佛殿春日大社前」站下車
　　　　　後，徒步5分可達。

🦌 鹿的信差終於現身

《鹿男》的文學地景——浮見堂

　　坐落在奈良公園內的鷺池，以檜皮葺建造的八角堂（實際為六角形）浮見堂，是《鹿男》小說中，藤原老師臆斷堀田一定是遇到了什麼事，才會莫名泣淚並衝出教室，因而約見她到這裡談話交換對三角「目」的意見。

　　平成三年（1991）耗費三年時間，重新修復的浮見堂，其優雅的姿貌、楓樹倒影，與池面上的天水相映成趣，是遊客到奈良公園必賞的景致，風音鳥聲雜沓在鷺池周邊的叢樹之間，撩人幾許閒情逸緻的悠悠暢流，果真天地好景色。

　　走過浮見堂的木板橋，見天光一色載浮著一幕幕流逝的光影，忽而想起《鹿男》那個怪異的堀田伊都為何離奇失蹤，後來又為什麼要退學離開奈良女高？故事如是描述著：

　　小川希望知道堀田為什麼要退學，但堀田什麼也不肯說。為了改變堀田的心意，小川努力嘗試說服她，但堀田依然一語不發，表情明顯柔和不

左頁
左：坐落在奈良公園內的鷺池
右：浮見堂與池面上的天水相映成趣

右頁
鷺池裡的浮見堂

068

少，看來心情似乎恢復平靜，便轉身離去。小川以為自己說服成功，放下了心，並把這件事告訴藤原君。

　　然而，隔天堀田依然沒到學校來，小川打電話到她家詢問，卻得知堀田從昨晚就沒回家，他還為此在辦公室裡急得團團轉。

　　這時，京都女高的長岡美榮老師來拜訪副校長小治田，兩人在辦公室裡不知談些什麼，久久都不出來，這讓小川和藤原君的心情七上八下；後來，小治田終於開門出來，告知小川和藤原君，堀田昨晚到京都拜訪了長岡老師，一副有很多話想說，最後卻什麼也沒說就離開了。

　　小川認為堀田會這樣，都是因為他的關係，為此感到自責不已。

　　不久，藤原君在街上看到堀田，便帶著她一起返回學校，但堀田無論

浮見堂以檜皮葺建造　　　　　　　　日劇《鹿男與美麗的奈良》堀田和藤原君在此會面

如何都不肯回家，最後只能暫時住到藤原君的房間，期間，堀田表現得非常消沉，什麼都不肯表白。

對於堀田失蹤的事，小川認為自己是個失職的老師，為了挽留堀田繼續留在學校，他願意辭職離開奈良女高。

後來，堀田在宿舍裡聽到小川和藤原君談到關於「鹿」的事，令她回想起小川對自己的體貼，所以決定說出真相，她告訴小川，其實她也是被神鹿選中的信差，是與小川站在同一陣線的人！

當堀田說出真相後，讀者終於明白這個行動詭異的高校少女，為什麼常常發出一些使人不解、莫名其妙的行動；而根據堀田和小川兩人的推想，狐狸的信差應該就是京都女高的長岡老師，如此一說，那麼，老鼠的信差又會是誰呢？

文學地景：浮見堂，位於奈良市奈良公園內高畑町山ノ上。

老鼠的信差曾經出現在畫展會場

《鹿男》的文學地景──TEN.TEN.CAFE

　　《鹿男》書中的福原重久是奈良女高的美術老師,小川孝信稱他叫「重哥」。重哥的祖父、父親都曾在奈良女高教過美術。他和祖母房江住在一起,也和藤原君、小川共同生活。他有著藝術家沉穩的性格和敏銳的洞察力,對校內外的事情相當精通。但也有喜歡說閒話這種令人意外的一面。他覺得住不慣東京而跑到奈良來的小川很可憐,經常出言鼓勵。

　　小說中,福原重久舉辦過個人畫展;日劇中,福原的畫展選在奈良名店「TEN.TEN.CAFE」拍攝;「TEN.TEN.CAFE」店是由出身大阪的日本明星兼歌手河島英五的家人所開設,河島英五於 2001 年 4 月 16 參加完長女的結婚式之後,因肝病驟逝,他生前留下的著名音樂作品有:「酒と泪と男と女」、「野風增」、「殉愛」、「龍馬のように」、「旅的途上」等。

左:TEN.TEN.CAFE 的招牌
中:TEN.TEN.CAFE 店門口
右:小而典雅的 TEN.TEN.CAFE

左頁　左上：TEN.TEN.CAFE 的內部
　　　左下：燈光優雅的 TEN.TEN.CAFE
　　　右上：TEN.TEN.CAFE 代表圖案為駱駝
　　　右下：店內有四位《鹿男》演員的簽名，分別
　　　　　　是：玉木宏、柴本幸、佐佐木藏之介、
　　　　　　兒玉清。

「TEN.TEN.CAFE」因裝潢古意，以河島英五喜歡的駱駝為招牌，而被選定為「鹿男」拍片場景。一樓餐飲部，大和牛肉與大山地雞炭火燒丼都深得好評，咖啡、甜點，美味可口；二樓一角

為河島英五紀念展館，展出日本俳優名人相片，以及河島生前使用過的紀念物等。

書中的美術老師福原重久開個展時，小川孝信、藤原君，甚至副校長小治田史明也去到展館，欣賞福原老師精湛的作品。識破京都女高的長岡美榮老師是狐狸的信差後，所有人開始懷疑起最有可能是老鼠信差的人，

右頁　左：TEN.TEN.CAFE 牆上掛滿日本藝人到訪相片
　　　右上：日劇《鹿男與美麗的奈良》曾以此做為主角福原老師開畫展的所在
　　　右下：二樓一角為河島英五紀念展館

極可能就是行為反覆無常的副校長小治田。故事如是描述著：

　　小川、藤原君和堀田把所有發生過的事情綜合起來，發現老鼠的信差
應是小治田無疑。於是，第二天上午，小川趁上課時間溜進小治田的辦公
室尋索證據，什麼也沒找著，卻反而被體育老師前村誤當成小偷，事情僵
得不歡而散。

　　眼見陰曆十月越來越近，小川愈感著急難耐，藤原君提議乾脆開門見
山直接問小治田，小川卻認為這樣做恐怕打草驚蛇，易使事件的發展適得
其反。

　　前村把小川偷偷摸摸進入副校長辦公室的事告訴小治田，並關心有沒
有丟掉任何東西。小治田反咬一口，表示只有純金懷錶不見了，卻又告訴
前村不該懷疑同事，要求前村不要把這件事說出去，一副宅心仁厚的虛偽
模樣。

　　小川下了課返回教師辦公室，發現辦公室裡的氣氛詭譎，前村等人

左：河島英五紀念展館
中 / 右：河島英五的唱片封套

都故意避開他。從福原那裡得知小川傳聞的藤原君，禁不住跑去問他究竟怎麼回事？小川承認自己進入小治田的辦公室尋找證據，但確實什麼也沒拿，還強調說，如今最重要的不是自己的清白而是找到「目」最要緊。

後來，小川、藤原君和堀田一起去了趟京都女高，但長岡對他們充滿不信任感。堀田直截了當詢問對方是否就是狐狸的信差，長岡不僅不肯回答，還指責小川縱容學生捲進亂七八糟的事件裡，沒想到堀田反而在長岡面前挑明自己就是鹿的信差。

鹿的信差出現了，狐狸的信差不肯承認，老鼠的信差還躲在暗處，這種特別的三角關係，又當如何排解？宛如編劇高手的小說家，萬城目學的《鹿男》顯然是一部有歷史根據的奇幻小說。

文學地景：TEN.TEN.CAFE，位於奈良市脇戶町19。

藏在黑塚古墳的三角緣神獸鏡

《鹿男》的文學地景——天理市立黑塚古墳展示館

位於奈良縣天理市柳本町的天理市立黑塚古墳展示館，館內一樓下方展示有黑塚古墓石室的全貌，長度為八點三公尺；古墳旁的展覽館區則展示有從墳塋發掘出來的三十三面三角緣神獸鏡、一面畫文帶獸鏡和大量的鐵製刀劍、Ｕ字形鐵製品；其中，三角緣神獸鏡和畫文帶獸鏡皆為複製品，真品收藏於奈良縣橿原市畝傍山麓，奈良縣立橿原考古學研究所附屬博物館內。

傳言，邪馬台國的女王卑彌呼曾派遣使者出使中國魏晉王朝，由皇帝贈予女王一百面雕刻有神獸的三角緣神獸鏡鏡當回禮；三角緣神獸鏡的邊緣隆起甚高，紋路斷面呈三角形，鏡背花紋是東王父、西王母等神像和龍虎等獸形，故以此而得名。

從形式、花紋和銘文看來，有學者認為三角緣神獸鏡具有古代中國銅鏡的基本特徵，長期以來即被專家認為是由中國傳入的「舶載鏡」，製作年代約在漢末、魏晉之際。

1920 年，日本學者進一步考證為魏鏡，而

上：天理市立黑塚古墳
下：黑塚古墳群的崇神天皇陵

個別的銅鏡在銘文中有「景初三年」、「正始元年」等魏的紀年，更被認定屬於魏鏡無疑。因此，三角緣神獸鏡在日本被大量發掘出來，和《三國志・魏志・東夷傳》所載有關，這些銅鏡被認為是當時中國魏朝的統治者贈送給日本邪馬台國女王卑彌呼及其繼承者壹與的。

依據中國學者分析，由於中國和朝鮮未曾發現過三角緣神獸鏡，所以學界對此種銅鏡是否為中國魏晉時代所製提出疑問。但大多數學者堅持認為是中國魏朝所製，並主張是魏王朝為贈送倭國而特別鑄製的，部分學者甚至提出見解，認為，這些銅鏡是由東渡的魏朝工匠在日本所作，因為三角緣神獸鏡具有三國時代吳鏡的因素，應為東渡的吳國工匠在日本所作無誤。

究竟是魏王朝送給邪馬台國女王卑彌呼的回禮？還是三國時代吳國工匠東渡日本所製？三角緣神獸鏡在《鹿男》一書中成為故事發展的關鍵焦點，故事如是描述著：

精通考古學，把挖掘遺跡當作畢生志業，寫過好幾本書、特別把心力貫注在尋找邪馬台國的所在地，綽號叫「李察」的副校長小治田終於承認自己就是老鼠的信差，並說出「目」即是古老的三角緣神獸鏡，它就藏在

左頁　　左：黑塚古墳博物館　　　　　　　右頁　　左：《鹿男》小說中三角緣神獸鏡展示
　　　　中上：黑塚古墳博物館　　　　　　　　　　　　　櫃
　　　　中下：博物館內的黑塚古墳　　　　　　　　　　中：三角緣神獸鏡
　　　　右上：三角緣神人龍虎畫像鏡　　　　　　　　　右：高松塚壁畫館
　　　　右下：三角緣獸帶四神四獸鏡

高松塚古墓裡，表示願意第二天把它帶到學校交給小川孝信，但小川不相信他，一步也不肯退讓地示意要跟著小治田一起去取。

　　第二天，小川在學校等不到小治田，便和藤原君、堀田伊都一起去到高松塚古墓。而在高松塚古墓這邊，已然到了約定時間，小治田仍沒出現，小川詢問古墓管理員，對方卻表明不認識小治田，也沒看到這個人進入古墓。

　　三人很快發覺被小治田騙了，於是回到小川的宿舍開始推測「目」究竟藏在何處，這時卻發生了大地震，正準備開店的料理店裡的雜物被震得得亂七八糟，小川等人和老闆娘及打工妹一起跌倒在地。

　　此時，藤原君發現打工妹和歌子的東西不見了，像是掉在床下，小川等人連忙協助尋找，卻因玻璃碎片太多，一時不易找到，和歌子表示可以再去買，不過還是覺得有些遺憾。見此情景，堀田突然想起了些什麼，並指出，如果三角緣神獸鏡有很多，那麼就容易隱藏得很好。

　　小川表示不可能有這樣的地方，堀田則指出應該就在天理市的黑塚古墳展示館。

　　一場爭奪三角緣神獸鏡的智慧之戰就此展開……。

文學地景：黑塚古墳展示館，在JR天理站、近鐵天理站搭往櫻井的巴士，在柳本站下車向西步行約5分鐘可達。

徐福與神武天皇的傳說

《鹿男》的文學地景——橿原考古博物館、橿原神宮

　　橿原市是奈良縣轄下的第二大城市，也是日本最初的都城藤原京所在地，飛鳥時代的藤原宮跡遺址就位於奈良縣立橿原考古學研究所附屬博物館鄰近處。

　　《鹿男》一書中所提，為「拯救日本免於滅絕」關鍵焦點的三角緣神獸鏡，其真品即被收藏在奈良縣橿原市畝傍山麓，奈良縣立橿原考古學研究所附屬博物館內。

　　這座考古博物館位於橿原神宮前車站的附近，常設展覽大和的考古學，包括舊石器時代、繩文時代、彌生時代、古墳時代、飛鳥和奈良時代、平安和室町時代的出土文物。日劇《鹿男》亦曾到博物館拍攝相關資訊與景致。

與橿原考古學研究所附屬博物館毗鄰不遠的橿原神宮，是位在橿原市畝傍山麓的神社，舊社格為官幣大社、勅祭社。明治二十三年（1890），為紀念「記紀」中的初代天皇神武天皇，而在昔日神武天皇的宮殿所在地（畝傍橿原宮）設立創建。

　　神武天皇是神話傳說中，日本的第一代天皇，天照大神的後裔，在《日本書紀》中被稱作為神日本磐余彥尊，在《古事記》中則名為神倭伊波禮毘古命。傳言是他建立最早的大和王權，為日本開國之祖與天皇之濫觴。

　　根據《古事記》與《日本書紀》（兩書合稱「記紀」）記載，天照大神之孫瓊瓊杵尊下凡於九州日向的高千穗山峰，與木花開耶姬生了火降芹

左頁
左：橿原神宮前車站
右：橿原神宮前車站

右頁
左上：車站前的神獸
　　　水池
右上：橿原神宮前車
　　　站景觀
下：橿原神宮外拜殿

左頁　　上：橿原神宮內拜殿
　　　　下：神宮內的神武天皇陵

右頁　　左：神武天皇東征圖（月岡芳年繪）
　　　　右上：橿原考古學研究所附屬博物館外貌
　　　　右下：橿原考古學研究所附屬博物館展館

命、火明命和彥火火出見尊。
其中彥火火出見尊娶海神之女
豐玉姬，生了鶼草葺不合命，
然後鶼草葺不合命又與玉依姬
命生了五瀨命、稻飯命、御毛
沼命、若御毛沼命，其中若
御毛沼命即日後的神日本磐余
彥。另有傳說，神武天皇即中
國秦王朝時代，授始皇帝之命，
渡海尋找不老仙丹，船隻卻被

海浪沖抵東瀛的徐福，而日本人即是隨船三千童男童女繁衍的後代。

授命尋找不老仙丹卻一去不復還的徐福，是否真為神武天皇？甚至，難以斷定世上是否真存在過神武天皇這個人物？時間久遠，恐難辨識真偽，許是神話傳說高過歷史真相吧！

文學地景：奈良縣立橿原考古學研究所附屬博物館，位於奈良縣橿原市畝傍町。
橿原神宮，位於奈良縣橿原市久米町。交通─近畿日本鐵道橿原線橿原神宮前車站。

在平城宮跡朱雀門鎮壓大鯰魚

《鹿男》的文學地景——平城宮跡

　　奈良時代的首都平城宮的遺址，位於奈良市西北部。

　　元明天皇和銅三年（710）日本首都從藤原京遷到奈良，由遣唐使仿照唐都長安城，按其四分之一比例規劃，再由元明天皇頒發詔書，調集全國能工巧匠建造；其地理位置呈長方形，東西約五點九公里、南北約四點八公里，東西南北每隔四百公尺都有大路相通，縱橫的大路將都城區分成許多方塊，形成整齊的棋盤街道。

　　都城四面共設有十二扇門，南面正中間的朱雀門為宮城正門，其基壇橫寬約二十五公尺、縱深約十公尺，兩側各設有旁門。門外的二条大路，寬廣僅次於朱雀大路，是舉行各類儀式、集會的活動場所；通往平城宮的朱雀大路將平城京分為左京和右京，與朱雀門面對著的平城宮設有太極殿、朝堂、朝集殿等。整座平城宮由宮城、里坊和街市組成，周邊築牆，牆外有壕。

左頁　左：平城宮跡被列為史蹟公園
　　　右：平城宮跡資料館

右頁：由遣唐使仿照唐都長安城建造的平城宮

宮城中央部位為一組建築基址，包括巨大的殿基、門址和四面迴廊，這裡是平城宮建造初期，元明天皇、元正天皇時代的朝堂院和太極殿，後由聖武天皇改為中宮院。

　　聖武天皇時代興建的朝堂院和太極殿位於宮城東邊，壬生門內為朝賀、儀典以及召見外國使節的場所。朝堂院築有圍牆，院內左右對稱地排列十二座殿堂，中央為廣場；正殿太極殿在朝堂院北邊，其基壇東西四十六公尺、南北二十三點六公尺。太極殿北面，為天皇的居處宮室，稱內裡。內裡的中心部分是由迴廊圍成的內郭，前方正中有正殿及左右對稱的配殿，是朝廷的衙署、議政廳和舉行宴會之處，其後則為寢宮。

在宮城內，圍繞中宮院、朝堂院和內裡的宮寢，是二官八省的官署及其所屬機構、官營手工業作坊等。宮城的東邊本是皇太子居住的東宮，後改稱東院，成為天皇遊樂之處。

出土的三彩、綠釉瓦和木簡等文物，說明了平城宮豪華的建築。尤以東院東南隅築有庭園，內有水池、小橋、八角形樓閣，以及大量佛寺蹤跡。

奈良時代佛教盛行，平城京內外建有不少佛寺，以興福寺為首，大安寺、元興寺、藥師寺等相繼從藤原京遷移至奈

良。聖武天皇時，集中舉國之力營建規模宏大的東大寺。與此同時，又建立法華寺和新藥師寺。接著，又為鑑真和尚興建唐招提寺。天平後期所建的西大寺、新篠寺和西隆寺規模也十分可觀。這些佛寺有些被毀壞，有的經過不斷維修和改建而保存至今。

1959年，日本政府開始對平城宮遺跡展開發掘調查，探明建築物的規模和方位，出土了不少刻有文字的木簡和以土器為主的生活用具。當前，平城宮跡以史跡公園受到特別保護，隨著平城宮正門「朱雀門」、「太極殿」和「東院庭院」逐步復原，一座被稱為「東方羅馬城」，雄偉壯觀的平城宮原貌，正逐漸顯現在遊客眼前。

遷都一千三百年的2010年，我未及參與目睹這座宮城重新建構的樣貌，隔年夏日，為了尋找《鹿男》小說中虛擬的奈良女子高校，卻在真實的奈良女子高校鄰近，踏足走進幅員遼闊的平城宮跡；分置左右兩側的太

左頁
上：重建完成的大極殿
下：平城宮跡復元的東院庭園

右頁
左上：重建完成的朱雀門
左下：朱雀門牌匾
右下：燈火通明的朱雀門

平城京歷史館展示復原的遣唐使船　　　　日劇《鹿男》主角玉木宏在平城宮跡

極殿和朱雀門，我花費一次午后時刻和一次黃昏時分，近身貼近兩座昂然聳立在史跡公園的城門大殿。

　　這是現代的歷史，這是歷史的陳跡，我在歷史的軌跡裡撞見文學作品所精心呈現的生動故事。就在朱雀門前的廣場，我見到《鹿男》眾主角在那裡舉行鎮壓大鯰魚儀式的畫面。

　　故事如是描述著：

　　小川孝信從堀田手中接過了被稱作「目」的銅鏡，並在藤原君、小治田和老鼠的見證下，把它放在平城宮跡朱雀門的草地上，再請神鹿出來開始進行儀式。

　　鹿告訴眾人，邪馬台國時代，女王卑彌呼於瀕死前，委託服侍她的神獸——奈良的鹿、京都的狐狸、大阪的老鼠，在她死後，務必代替鎮壓大鯰魚。這種儀式每六十年必須舉辦一次，卑彌呼的法力是用「目」做為儀式主軸，並進行更替。如果任由大鯰魚在地底下肆意妄為，日本就將亡國。

　　鹿又說，約在三百年前，就是因為老鼠沒決定「使者」的人選，使得儀式不能在滿月時進行，結果導致發生了「寶永大爆發」（註1）。

接著，堀田按照鹿的指示，為銅鏡注滿大佛池的水，水面倒映出滿月，閃爍著點點光輝。鹿把這些光點全部舔掉，水吸收了滿月的精華逐漸形成一個光球。堀田手持銅鏡，面朝上，讓光球冉冉上升吸取月光精華，月亮因而綻放出巨大的光芒。

銅鏡把光折射返回地面，強大的光芒被土地全部吸收，緊接著，地面劇烈震動起來，原本居住在地底深處的大鯰魚露出尾巴。堀田遵照鹿的指示，把另一個光球射向鹿的眼睛，原來這就是「目」的祕密，透過已有一百八十年歷史的儀式，新的「目」的力量於焉誕生，大地終將趨吉避凶，日本即能避開亡國噩運。

這是神話故事？小說？戲劇？無論如何，一旦走進平城宮跡，彷彿進入時光隧道，我在午后的太極殿廣場見到寬闊天地，歷史在其間進行；近晚時刻，我又在黃昏暗沉的夕陽光芒下，獨步漫行朱雀門廣場的寂寥，這時，朱雀門城樓亮起電光，我在那裡尋索被神鹿舔掉的滿月光點。

註1：寶永是日本的年號之一，「寶永」二字典出《舊唐書》：「寶祚惟永、暉光日新」。時間在元祿之後、正德之前，為 1704 年到 1710 年期間。寶永四年 （1707）十月於遠州灘、紀州灘發生芮氏震級規模 8.4 的大地震，稱「寶永大地震」。同年十一月二十三日，富士山發生最後一次大爆發，稱「寶永大噴火」，形成寶永山。

文學地景：平城宮跡，位於近鐵大和西大寺車站，前站出口右側直行約十分鐘。

🦌 我佛慈悲西大寺

《鹿男》的文學地景——西大寺

　　從近鐵大和西大寺車站出口，右側可往平城宮跡，左側可往南都七大寺之一的西大寺。

　　西大寺位在奈良市西大寺芝町，真言律宗總本山，山號「勝寶山」，本尊釋迦如來，孝謙天皇勅願、初代住持常騰，是奈良時代擁有壯大伽藍的大寺院。

左頁
左上：大和西大寺車
　　　站
中上：南都七大寺之
　　　一的西大寺
右上：西大寺庭園的
　　　玄武碑
左下：西大寺山門

右頁
西大寺四王院

西大寺由聲稱自己是以出家人身分治理國家的稱德天皇，於 765 年
為鎮護國家與和平祈念，進行祈禱儀式所興建的真言律宗總本山的寺院。
興建之初的西大寺，規模幾達可跟東大寺競相匹比的地步，其座堂宇多達
一百多個，為當代關西地區的大寺院，後因遷都平安京且遭多次祝融燒燬
而逐漸衰退下來。

　　如今所能見到的西大寺堂宇為江戶時代重建，目前尚保存本堂、愛染
堂、四王堂、聚寶館等建物。本堂未使用任何土壁，僅採用板牆建築，屬
於稀少罕見的建築式樣。寺院內還留存有平安時代建造的東塔遺跡。

　　鎌倉時代中期致力於西大寺復興之業，畢生弘法不遺餘力的真言律宗

左上：西大寺不動明王院
右上：西大寺本堂
左下：西大寺佛像
右下：西大寺鐘樓

僧人叡尊，在西大寺的鎮守八幡宮為奉納茶葉及參拜信眾招待茶水，以直徑三十厘米，重七公斤的大茶碗，用長三十五厘米的點茶竹，刷出茶水後，供參拜香客抱起大茶碗依序輪流飲用大茶盛，這種飲茶盛典至今每年都會舉行三次，是鎌倉時代以降，西大寺的重要祭典活動。

午后細雨過後，我以蹣跚步履，悠閒走在西大寺的庭院，打算會見南都七大寺之一的菩薩；西大寺離平城宮跡不遠，日劇《鹿男》中的小川孝信老師搭乘電車前往奈良女子高校報到時，除了從車窗看見平城宮跡的朱雀門，是否也得見這座坐落在站前住宅區內的寺院？

大鯰魚既被鎮壓，天下暫且太平；我佛慈悲，就飲一杯僧人叡尊的大茶碗抹茶吧！

文學地景：西大寺，位於奈良市西大寺芝町1-1-5近鐵大和西大寺車站旁，步行5分鐘。

猿澤池升起一條金爪黑龍

——關於芥川龍之介及其文學作品景點

關於──芥川龍之介

　　1892 年出生東京市京橋區入船町的芥川龍之介，父親新原敏三在京橋區入船町 8 丁目以販賣牛奶營生。芥川出生八個月後，患有精神病的母親突然發狂，無力照料嬰兒，便將他送往娘家撫養，後來又過繼給母舅當養子，改姓芥川。

　　芥川家族充滿濃厚的江戶文人氣息，尤其喜好文學戲劇，龍之介受到環境薰陶，自然擁有厚實的文藝底蘊。六歲時送進江東尋常小學就讀，1913 年應試進入東京帝國大學，學習英國文學，期間開始寫作，處女作〈老年〉發表在菊池寬等人創辦的「新思潮」月刊。1914 年在「帝國文學」發表了短篇小說〈羅生門〉，並未受到重視。

　　1916 年芥川從東大畢業，論文題為「威廉·莫理斯研究」，成績列同屆二十人中的第二名，並通過教授英文資格；後來到報社擔任編輯維持生計。之後，繼續在《新思潮》雜誌發表短篇小說〈鼻〉，夏目漱石讀後讚賞不已，對他多方關懷，不久，芥川成為夏目漱石少數的入門弟子之一。寫作小說同時，他也創作俳句。1918 年發表〈地獄變〉，講述日本戰國時

期一段殘酷的故事，透過畫師，以及畫師的女兒等人的遭遇。反映了純粹的藝術和無辜的底層人民，受到邪惡的統治者無情踐踏的摧殘。

　　1921 年，芥川龍之介以大阪每日新聞報社記者的身分，前往中國訪問四個月，這次的任務艱鉅、繁重。在無上壓力和己身壓抑雙重作用下，身染多種疾病，自此，一生為胃腸病、痔瘡、神經衰弱、失眠症所苦。返回日本後，1922 年發表了〈藪の中〉，與 Ambrose Bierce 的〈月光小路〉結構極為類似，都是在某一案件的調查中，採集多方證詞與說法。不同的是〈月光小路〉最後澄清事實，而〈藪の中〉呈現的證詞既重合又相互矛盾，大都自圓其說。整部作品瀰漫壓抑、徬徨和不定向的氣氛。這種反差極大的作品，反應了芥川龍之介迷茫的思想開始渙散起來。後來只得躲到湯河原的中西屋靜養。

　　由於神經衰弱病情逐漸惡化，芥川龍之介經常出現莫名的幻覺，加上當時社會右傾，沒有絕對的言論自由，迫使他的作品愈加壓抑，〈河童〉的出現，便是思想受到壓抑下的作品。

　　1927 年，芥川龍之介持續寫作隨想集〈侏儒的話〉，作品短小精悍，每段只有一兩句話，卻是意味深長。同年七月二十四日因「恍惚的不安」服用大量安眠藥自殺身亡，遺骨葬於東京染井慈眼寺。時年僅三十五歲。

　　芥川龍之介一生短暫，每一篇作品都貫穿人世的孤獨和人生的寂寞；去世後，作品更受青睞，大放異彩，出版作品包括：《老年》、《羅生門》、《藪の中》、《鼻》、《芋粥》、《地獄變》、《南京的基督》、《軌道列車》、《河童》、《齒輪》、《阿呆的一生》、《西方的人》等。

關於──芥川龍之介的〈龍〉

　　芥川龍之介的〈龍〉為一短篇小說，取材自平安時代的作品《宇治拾遺物語》，故事敘述平安時代中期的一位文學家源隆國，閒來無事，聽取路人談及發生在奈良公園猿澤池和興福寺的舊事傳說，隨筆紀錄下來。出生於 1004 年的源隆國，因其別莊在山城國宇治，世人便相稱為宇治大納吉或宇治大納言隆國。據說，日本最古老的說話集《今昔物語》就是源隆國把路人講的故事筆錄而成的書。

　　短篇小說高手芥川龍之介的〈龍〉以一則關於路人談及「三月三日龍由此池升天」的故事，描述跟猿澤池和興福寺有關的神話；〈龍〉一文收錄於芥川龍之介的著作《地獄變‧偷盜》中，新潮文庫出版。

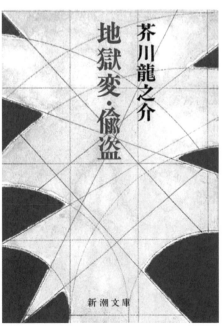

原文寫道：

宇治大納言隆國：「唉，午覺醒來，覺得今天好似格外悶熱，一點風也沒有，連纏在松樹枝上的藤花都紋絲不動。平時聽上去那麼涼爽的泉水聲夾上蟬鳴，反而使人覺得更悶熱了。喏，讓僮兒們給搧搧風吧！」

「怎麼，路上行人都集合了嗎？那麼就去吧。僮兒們，別忘了扛著那把大蒲扇，跟我來。」

「喂，各位，我就是隆國，原諒我光著膀子，失禮、失禮。」

「說來，我今天是有求於各位，才特地勞煩各位到宇治亭來。我偶爾到了此地，也想跟旁人一樣寫寫小說。仔細想來，我成天在宮廷進進出出，肚子裡實在沒有什麼值得記下來的事。然而我生性懶惰，最怕動腦筋，想些複雜的情節。因此，從今天起，想懇求各位過路的，每人講一個古老的故事，好讓我編成小說。這樣一來，準能廣泛收集到意想不到的逸事奇聞，

左頁
左：芥川龍之介作品集，〈龍〉文為其中一短篇
右：芥川龍之介的〈龍〉文收錄其中

右頁
左：名勝奈良公園
右：奈良公園猿澤池

車載斗量。能不能麻煩大夥兒讓我滿足這個願望呢？」

「哦，你們樂意幫助，那太好了。那麼我就順序聽大夥兒講吧！」

「喂，僮兒們，用大蒲扇給在座的搧搧，這樣多少能涼快些。鑄工、陶工都不要客氣，你們倆快過來，靠這張桌子坐。賣飯卷的大娘，桶嘛最好摺在廊子角落裡，別讓太陽曬著。法師也把銅鼓摘下來好不好。那邊的武士和山僧，你們都舖上竹席了吧！」

「好的，要是準備好了，首先就請年長的老陶工隨便講點什麼吧！」

老陶工：「哎呀呀，您可太客氣了，還要把我們下等人講的逐個寫成故事——以我的身分，光是這一點，就真不敢當啊！恭敬不如從命，那麼我就不揣冒昧，講個無聊的傳說吧！請您姑且耐著性子聽我講來。」

接下來，老陶工便開始講述發生在猿澤池，跟興福寺的和尚有著密切關聯的「三月三日龍由此池升天」的故事。

猿澤池「七不思議」碑石

🦌 三月三日龍由此池升天

〈龍〉的文學地景——猿澤池

被設定為興福寺放生池的猿澤池，建於天平二十一年（749），名列奈良八景之一。猿澤池四周修建有柳蔭覆蓋約三百六十公尺長的環池步道，柳樹被取名叫「采女柳」；沿著步道，可以看見池中的鯉魚和烏龜，倒不見龍從池中升起。綠茵柳樹群後的五重塔，倒影水面，相隔猿澤池與對面興福寺互映成景。

另則，猿澤池自古以來即流傳著名的「七不思議」：不清澈；不渾濁；水不往外流；不見注入的水源；不見青蛙；不生藻類；放生的魚越多，水量自動調節，維持同樣高度，不致滿溢。

再則，傳說古時有位容貌動人的采女，侍奉奈良天皇，許多人都說以她的美貌可以被遴選為殿上人，但天皇心中早有屬意的佳人，所以采女未能如願以償。某日，天皇召喚采女，之後便不再召喚她，采女失寵極度傷心，日夜思念

上：猿澤池名列奈良八景之一
下：猿澤池柳蔭覆蓋

天皇，竟日無法忘懷。不久，天皇又再度召喚她，卻未真正把她放在心上，某天夜裡，采女悄悄外出，走到猿澤池畔投池自盡；即使以死殉情，天皇仍毫不知情，後來經人稟奏，天皇才察覺采女確實可憐，便臨幸池畔，令眾人詠歌悼念，柿本人麻呂吟道：「猿澤池藻亂相纏，忍看吾愛秀髮散。」天皇也吟曰：「池藻水不乾，猿澤令人憾。」

　　詠畢，命人在池畔建了采女之墓才回宮。

　　後來，藤原清輔也在《百人一首》第八十四首寫下〈詠奈良猿澤池〉，詩云：「昔日苦與痛，今時輕鬆看。」

　　至於芥川龍之介的〈龍〉，路人老陶工開始講述故事了：

　　「我們還年輕的時候，奈良有個叫作藏人得業惠印的和尚，他的鼻子大得不得了，而且鼻尖一年到頭紅得厲害，簡直像是給蜜蜂螫過似的。奈良城的人們給他取了個外號叫「鼻藏」，原先叫他大鼻藏人得業，後來嫌

左頁：猿澤池 360 公尺長的環池步道

右頁
左：猿澤池的柳樹被取名叫「采女柳」
右：猿澤池的「七不思議」碑石

太長了，不知不覺就叫成鼻藏人。過不了多久，還嫌太長，索性鼻藏、鼻藏地喊開了。當時我在奈良興福寺裡親眼見到過他一兩次，怪不得要罵他鼻藏了，真是舉世無雙的紅天狗鼻啊！一天晚上，這個外號叫鼻藏、鼻藏人、大鼻藏人得業的惠印法師沒帶弟子，一個人悄悄地來到猿澤池畔，在采女柳前面的堤岸上高高地豎起一塊告示牌，上面大書『三月三日龍由此池升天』。其實，惠印並不知道猿澤池裡是不是真住著龍。至於三月三日有龍升天，更純粹是他信口開河。不，毋寧說是不升天倒來得更確切一些。那麼他為什麼要開這樣一個荒唐的玩笑呢？因為奈良僧俗兩界的人動不動就奚落他的鼻子，他氣憤不過，打算好好捉弄捉弄他們，解解恨。於是千方百計設了這麼個騙局。您聽了一定覺得好笑，但這是從前的事，當時到處都有喜歡惡作劇的人。」

「話說第二天頭一個發現這塊告示牌的，是每天早晨都來參拜興福寺如來佛的一個老太婆。她手上掛著念珠，忙忙叨叨地拄著竹拐棍，來到靄霧瀰漫的池畔。一看，采女柳下面新立起一塊告示牌。老太婆心裡納悶，

左頁
猿澤池采女碑石的
文字說明

右頁
位於猿澤前方的
采女神社

想道：要說是法會的告示牌，怎麼會立在這麼個古怪的地方呢？可是她不識字，打算就這樣走過去。恰好迎面來了一個披著袈裟的法師，她就請法師給念了念。誰聽到『三月三日龍由此池升天』都會吃驚的，老太婆也嚇了一大跳，把彎了的腰伸直，望著法師的臉發怔：『這池子裡有龍嗎？』據說法師反倒挺鎮靜地向她說起教來：『還有這樣一個故事：從前中國有位學者，眉毛上邊長了個瘤，癢得要命。有一次，天色忽然陰下來，雷電交加，下起瓢潑大雨。那個瘤猛地裂開，躥出一條黑龍，駕著雲彩筆直地升天而去。連瘤裡都有龍，何況這麼大的池子，說不定水底下盤著好幾十條蛟龍毒蛇呢！』老太婆認為出家人不打誑語，聽了這話，簡直嚇破了膽，說道：『聽您這麼一說，敢情那邊的水的顏色看上去的確有點兒奇怪哩！』雖然三月三日還沒到，老太婆卻氣喘吁吁地念著佛，連竹拐棍都來不及拄，丟下和尚就趕緊逃跑了。要不是怕旁人瞅見，法師簡直要捧腹大笑起來。倒也難怪，原來他就是那個惹起事端，外號叫鼻藏的得業惠印。他沒安好心，想著昨天晚上豎起那塊告示牌後，這會兒該有鳥兒落網了，於是在池畔蹓躂，觀看動靜。老太婆走後，卻又來了個婦女，大概是起個大早

趕路的，讓跟隨的僕人背著行李。她的市女笠周圍垂著面紗，仰起臉獨自看著告示。於是惠印也站在告示前面假裝看，拼命忍著，盡量不讓自己笑出聲來。然後表示詫異地用那大鼻子哼了一聲，慢騰騰地朝著興福寺折回來。」

「在興福寺南大門前面，沒想到碰見了住在同一棟僧房裡一個叫做惠門的法師。惠門見了他，本來就顯得倔強的兩道濃眉越發皺了皺，說道：『師父起得好早哇，真是太陽打西邊出來啦！』這話說得正中惠印的心意，他鼻子上堆滿了笑意，得意洋洋地說：『可不，說不定會從西邊出來呢！聽說三月三日龍要從猿澤池升天哩！』惠門聽罷，半信半疑地狠狠地朝惠印的臉瞪了一眼，接著就嗓子眼裡咯咯地冷笑著說：『師父可做了個好夢。唔，我聽說，夢見龍升天可是個吉兆哩！』說罷，昂著前額扁平的頭，正

左頁：采女神
社

右頁：興福寺
東金堂

要擦身而過。這時大概聽見了惠印自言自語地念叨：『哎呀，無緣的眾生
難以化度啊』的聲音，惠門就把腳上那雙麻拌兒木屐的高齒往後一扭，惡
狠狠地回過頭來，用講經說法時那種口氣追問道：『難道你有龍要升天的
確鑿證據嗎？』惠印故意從容不迫地指了指晨光初照的池子，用鄙夷的口
吻說：『你要是懷疑愚僧說的話，就請看看那棵采女柳前面的告示吧！』
這下子連倔脾氣的惠門也慌了。他困惑地眨巴了一下眼睛，無精打采地說
了聲：『哦，豎起了那麼一塊告示牌嗎？』就溜走了，邊走邊歪著他那大
腦袋，好像在想什麼心事。鼻藏人目送他的身影，您大概也猜得到他心裡
感到多麼好笑。惠印只覺得紅鼻子裡頭癢了起來，當他裝腔作勢地走上南
大門的石階時，忍不住笑了出來。」

　　面對眾人屏息以待的聆聽，陶工嚥了幾下口水，閉目沉寂，休息半晌。

文學地景：猿澤池，位於奈良市中央部三条通，興福寺和五重塔下方。
　　　　　采女神社，位於猿澤池前方。

〈龍〉的文學地景──興福寺

　　興福寺為「南都七大寺」之一法相宗的總本山，尊奉釋迦如來，天智天皇八年（669）創建，開基者為藤原不比等，710 年做為當時的統治者藤原氏的家寺遷至現今寺址，後經數度火災，原寺的建築及器物遭焚燬；過去擁有五十平方公里的寺院範圍，如今雖僅四平方公里的寺內仍留有東金堂、五重塔、三重塔和南圓堂等不少國寶，如木造彌勒佛坐像、木造藥王菩薩等。以「古都奈良文化財」的一部分登入世界文化遺產名錄。

　　至於芥川龍之介的〈龍〉，老陶工講述外號叫鼻藏的得業惠印在猿澤池畔豎立了一塊「三月三日龍由此池升天」的告示，戲弄路人，折回興福

寺，又嘲弄了惠門法師一頓，還裝腔作勢地走上南大門的石階，忍不住笑了出來之後，又發生哪些事？老陶工繼續說道：

「『三月三日龍由此池升天』的告示牌在當天早晨就造成影響，過了一兩天，猿澤池有龍的風聲在奈良城裡傳遍了。有人提出『那個告示是什麼人在搞鬼吧』，但恰好京城裡謠傳神泉苑的龍升天了，所以連提出這種看法的人心裡也半信半疑，覺得說不定這樣一樁奇事會發生也說不定。在這以後不到十天，又出了一件不可思議的怪事。春日神社有個神官，他那年方九歲的獨養女兒，一天晚上枕著媽媽的膝蓋打盹，夢見一條黑龍像雲彩一樣從天而降，用凡人的話說：『我終於打算在三月三日升天了，但絕不找你們城裡人的麻煩，儘管放心。』女兒醒來後，如此這般地講給媽媽聽了。於是，又立即在全城轟動開來，說是猿澤池的龍託夢。好事之徒又添枝加葉，說什麼龍附在東家孩子身上，做了一首和歌，又顯靈給西家巫女，授予神諭，不一而足，直像猿澤池的龍眼看就要把腦袋伸出水面似的。後來甚至有人說，他親眼看到了龍本身。這是個每天早晨到市場上去賣魚的老爺爺，那天，黑早時他來到猿澤池，只見黎明前滿滿的一池子水，唯獨垂著采女柳、立著告示牌的堤下邊那塊地方，朦朦朧朧有點亮光。當時關於龍的風聲流傳得正熱鬧，老爺爺心想：『看來是神龍顯靈啦！』他也說不上是喜還是怕，反正渾身發抖，撂下那挑子河魚，就躡手躡腳地走

過去，扶著采女柳，定睛往池子裡看。只見半明半暗的水底下，一隻黑鐵鏈般難以形容的怪物一動不動地盤成一團。那個怪物大概給人的聲音嚇住了，忽地伸直了盤蜷的身軀，池面上乍然出現一道水路，怪物消失得無影無蹤。老爺爺看罷，嚇出一身冷汗，隨即回到他撂下挑子的那個地方。這才發現，挑去賣的鯉魚、鯽魚等總共二十尾魚，不知什麼時候都消失了。有人嘲笑他說：『大概是給水獺精騙了。』但是，意想不到的大多數人認為，『龍王鎮守的池子裡不會有水獺，準是龍王憐恤魚的生命，把牠們招到自己居住的池子裡去了。』」

「再來談談鼻藏惠印法師的事。自從『三月三日龍由此池升天』的告示牌引起轟動以來，他聳聳大鼻子得意地暗笑著。可是哪裡想到，還差四五天就到三月三日的時候，惠印那位在攝津國的櫻井當尼姑的姑媽，竟大老遠地跑來參觀龍升天。這下可叫惠印為難。他連嚇帶哄，想法子勸他姑媽折回櫻井去，可她說：『我已經到了這把歲數，只要能看上一眼龍王升天，就死也瞑目。』她對侄子說的話充耳不聞，固執地坐在那裡。事到如今，惠印也不便交代那個告示牌原是他幹的把戲。他終於讓了步，只好同意照料姑媽到三月三日為止，並且還不得不答應當天陪她一道去看神龍升天。他又想到，連做了尼姑的姑媽都聽說了這件事，那麼大和國自不用說，這個消息連攝津國、和泉國、河內國，興許播磨國、山城國、近江國、

丹波國都傳遍了吧！也就是說，他設這個騙局原只是為了捉弄一下奈良的老少，想不到竟使四面八方幾萬人都上了當。想到這裡，惠印與其說是覺得好笑，毋寧說是害怕起來。就連一早一晚給老尼姑領路，一邊去參觀奈良寺院的時候，也虧心得猶如逃避典史眼目的罪犯。可有時候又聽見路人說，最近那個告示牌前面供著線香和鮮花，他雖然揪著一顆心，卻又高興得像立下了什麼大功似的。」

「一天天地過去，終於到了龍升天的三月三那天。惠印有約在先，別無他法，只得勉強陪著老尼姑來到興福寺南大門的石階上，從那裡，一眼就能望到猿澤池。那一天，晴空萬里，連刮響門前風鈴的那麼一點風都沒有。不用說奈良城了，大概從河內、和泉、攝津、播磨、山城、近江、丹波等國都有對這個日子盼待已久的參觀者湧進。站在石階上一看，無論西邊還是東邊，都是人山人海，一眼望不到邊。各色各樣的烏帽像波浪一樣嘩嘩起伏，連綿到二条大街煙籠霧繞的盡頭處。其中還夾雜著藍紗車、紅紗車、棟簷車等考究的牛車，巍然鎮住周圍的人浪，釘在車頂上的金銀飾具，在明媚的春光照耀下閃閃發光。此外還有打著遮陽傘的，高高地拉起

左頁
左：興福寺旁的茶屋

右頁：興福寺旁的「楊貴妃櫻」

帳幕遮陽的，甚至有小題大作地在路上搭起一排看台的——下面的池子周圍那副熱鬧景象，彷彿提前舉行的加茂祭。惠印法師做夢也沒想到豎了塊告示牌竟會驚動這麼多人，他目瞪口呆地回頭望著老尼姑，頹喪地說：『哎呀呀，怎麼來了這麼多人，可了不得！』這一天，他連用那個大鼻子哼一聲的勁也沒有了，就窩囊地蜷縮在南大門的柱子腳下。」

人間是不是真有龍？連惠印法師也開始懷疑起來。

文學地景：興福寺，位於奈良市登大路町48番地，奈良公園內。

一陣風從猿澤池上蕭颯而過

〈龍〉的文學地景——興福寺五重塔

　　高約五十公尺的興福寺五重塔是僅次於京都東寺五重塔，名列日本第二高的佛塔，是古都奈良的象徵，受到人們的喜歡。興福寺五重塔建造後曾遭祝融燒燬六次。

　　被指定為國寶的五重塔，重建於西元 1426 年，五重塔旁的興福寺東金堂內，放置有銅製藥師如來和智慧之神文殊菩薩坐像，參拜者絡繹不絕。倒映在猿澤池的五重塔，是奈良最具代表性的風景之一。

　　關於芥川龍之介的〈龍〉，老陶工講述弄巧成拙的惠印和尚，在興福寺的南大門窩囊地陪著老尼姑等待飛龍升天。他又繼續說道：

　　「可是做姑媽的老尼姑沒法知道惠印的心事，她拼命伸長了脖子四下裡打量著，連頭巾都快滑落下來了，有一搭沒一搭地跟惠印扯起什麼『神龍住的池子，風景到底別致』、『既然來了這麼多人，神龍準會出現』啦。惠印不便老是坐在柱腳下，勉強抬起身子看了看。這裡，頭戴軟烏帽、武士烏帽的人們堆成了山，惠門法師也擠在裡面，前額扁平的他，比別人都高出一個頭，目不轉睛地盯著池子。惠印一時忘掉了心頭的沮喪，只因為騙了這個傢伙，暗自覺得好笑。於是招呼了聲『師父』，用嘲諷的口吻問道：『師父也看龍升天來了嗎？』惠門傲慢地回過頭來，臉上泛著意想不到的嚴肅神色，連濃眉都沒挑一下地回答說：『可不是。我跟你一樣，都等得不耐煩了。』惠印心想：我這個玩笑開得有點兒過頭。惠印自然也就發不出高興的聲音來了，他又像原先那樣神色不安地隔著人海呆望猿澤池。池水好像已經溫吞了，發出神祕的光，周圍堤岸上栽的櫻柳的倒影清

晰地映在水面上，一動也不動，等多久也沒有龍要升天的跡象。尤其是方圓數里觀眾擠得水泄不通的關係吧，今天池子比平時顯得越發狹小，讓人覺得誰要說裡面有龍，就是個彌天大謊。」

「可是觀眾都屏息凝神，耐心地翹盼著龍升天，甚至覺察不出時間在一分鐘一分鐘地流逝，大門下的人海越來越遼闊了。不多時，牛車的數目也多得有些地方輻輳相接。參照前面的經過，惠印看到這副情景心裡有多麼沮喪，也就可想而知了。可

上：興福寺國寶館藏阿修羅木雕像
下：興福寺五重塔

這時發生了一件奇怪的事情。不知怎的，惠印心裡也開始覺得龍真會升天了——起初毋寧是覺得未嘗不會升天。豎起告示牌的，原來就是惠印本人，按說他是不該有這樣荒唐的想法的，但是俯瞰這片烏帽恰似波濤般地在翻滾，他就一個勁兒地覺得準會發生這樣一樁大事。究竟是雲集觀眾的心情不知不覺之間使鼻藏受到感染？還是因為他豎起了告示牌，引起了這場熱鬧，有點兒感到內疚，不由得盼起龍升天來了呢？姑且不去管它。總之，惠印明知告示牌是自己寫的，心頭的沮喪卻逐漸消散，也跟老尼姑一樣不知疲倦地凝視著池面。可不，要不是心裡有了這種念頭，又怎麼可能勉強站在南大門下面等上大半天，翹首企盼那根本不可能升天的龍呢！

「但是，猿澤池依然像往日那樣反射著春日的陽光，連個漣漪都沒起。麗日當空，萬里無雲。觀眾依然密密麻麻堆在陽傘和遮陽底下，或者倚在看台的欄杆後面。他們好像連太陽的移動都忘了，從早晨到晌午，從晌午到傍晚，如饑似渴地等候著龍王的出現。」

「惠印來到那裡後，過了半天光景，半空中飄起一縷線香般的雲彩，一眨眼的工夫就大了，原先晴朗的天空乍然陰暗下來。就在這當兒，一陣

風從猿澤池上蕭颯而過，在鏡子般的水面上描出無數波浪。觀眾雖然有思想準備，可也慌了手腳，霎時間就下起白茫茫的傾盆大雨來了。雷也猛地轟隆隆打起來，閃電像穿梭般不斷地交叉飛舞。風將層雲撕個三角形口子，乘勢旋起池水如柱。登時，在水柱雲彩之間，惠印矇矇矓矓看見一隻十丈多長的黑龍，閃著金爪筆直地騰空而去。據說那只是一眨眼的工夫，隨後光看見在風雨之中，環池而栽的櫻樹花瓣朝著黑暗的天空飛舞。至於觀眾怎樣慌了神，東跑西竄地奔逃，在閃電下掀起不下於池子裡的滾滾人浪，那就不必囉嗦了。」

「後來大雨停了，雲間透出青空，惠印那副神氣，好似連自己的鼻子大這一點也忘了，眼睛滴溜溜地四下裡打量著。難道剛才那條龍真是自己看花了眼嗎？──正因為告示牌是他豎的，想到這裡，只覺得龍彷彿不會

升天似的。可他又千真萬確地看見了，越琢磨越感到莫名其妙。於是，就把像死人一樣癱坐在旁邊柱腳下的老尼姑扶了起來，不免帶著幾分尷尬，怯怯地問道：『您看見龍了嗎？』姑媽深深地嘆了一口氣，一時好似說不出話來，光是膽戰心驚地頻頻點頭。後來才顫聲說道：『當然看見啦，當然看見啦！不是一隻亮堂堂地閃著金爪子，渾身漆黑的神龍嗎？』這麼說來，並不是鼻藏人得業惠印眼睛花了才看見龍的。後來從街頭巷議中暸解到，原來當天在場的男女老少，幾乎個個都說曾看見黑龍穿過雲彩升上天去。」

「事後，不知怎麼一來，惠印說出了真相，告訴大夥兒其實那塊告示牌是他豎起來捉弄人的。據說惠門以及各位法師對他的話沒有一個予以置信。那麼，他豎告示牌這個惡作劇，究竟達到了目的沒？即使去問外號叫鼻藏、大鼻藏人得業的惠印法師本人，恐怕他也回答不出吧！」

宇治大納言隆國聽過故事後，說道：「這故事真妙。從前那個猿澤池裡大概住過龍。什麼？不知道從前住沒住過？喏，從前準住過。以前普天之下人都打心裡相信水底下有龍。因此，龍自然就會在天地之間翱翔，像神一樣時而顯現出祂那奇異的形象。別淨由我囉嗦了，還是把你們的故事講給我聽吧。下一個該輪到雲遊僧了。

「什麼，你要講的是叫做池尾禪智內供的長鼻法師的故事嗎？剛聽完鼻藏的故事，一定格外有趣哩！那麼，馬上就講吧……」

後來，芥川龍之介又把關於池尾禪智內供的長鼻法師的故事寫成了著名的《鼻》一書。

文學地景： 興福寺五重塔，位於奈良市登大路町48番地，奈良公園內。

第 4 帖

春日大社鹿鳴萬葉
——關於會津八一及其文學作品景點

關於——會津八一

　　明治十四年（1881）出生新潟縣新潟市內老字號的日式酒家會津屋的會津八一，中學時代就讀新潟縣立高等學校，當時即傾慕歌人良寬在《萬葉集》的作品；1906 年畢業於早稻田大學英文科，後來在現今新潟縣立有恒高等學校任教；是大正和昭和年間的和歌作家、書法家、美術史家。

　　1908 年到奈良旅行，即對奈良的佛教美術特別關心和鍾愛，曾寫下不少俳句短歌。1910 年受聘在早稻田中學校當教員，1925 年在早稻田高等學院擔任教授，指導日本佛教美術史；1933 由東洋文庫出版《法隆寺、法起寺、法輪寺建立年代的研究》，1934 年並以此著作榮獲文學博士，他的研究重點為日本飛鳥時代與奈良時代的佛教藝術，1935 年早稻田大學設置文學部藝術科，由會津八一就任主任教授。

　　1946 年擔任早稻田大學名譽教授之後，由於戰亂，重歸家鄉新潟，1951 年獲新潟市榮譽市民。歌人吉野秀雄為其主要弟子。

　　從 1926 年開始，會津八一即提議在早稻田大學設置美術史博物館，後來收集了大量的作品。他自 1900 年開始指導新潟縣的俳句界，自

已則編撰了以《鹿鳴集》為首的大量和歌文集。1951 年《會津八一全歌集》
榮獲「讀賣文學獎」。會津八一所著寫的作品內涵孤高，是個行動派的要
角，他宣導東洋文學應以早期文獻和實物相結合的方式在學會中受到極熱
烈的影響。

　　會津八一，晚名秋草道人，於昭和 21 年 5 月（1946）受阪口獻先生
之邀，擔任「新潟晚報」社長，自此即長期住在新潟故鄉。會津八一晚年
居住的洋式宅第，於昭和三十一年（1956）過世後，成為北方文化館新潟
分館，展示有會津八一的和歌集以及良寬的墨寶真跡。著書多部，包括《鹿
鳴集》、《會津八一全歌集》、《渾齋隨筆》、《寒燈集》、《春日野歌》、
《自注鹿鳴集》等。

關於——會津八一的《鹿鳴集》

《鹿鳴集》是會津八一對奈良之愛的具體表現，1955年由新聞社文庫出版，在這本書裡，他以心靈和行腳把走訪過的奈良景色，用和歌形式呈現；另外，他還讓自己為《鹿鳴集》下註解，出版了《自註鹿鳴集》。《鹿鳴集·南京新唱》中，描述奈良古寺院的部分，包括：春日野、興福寺、猿澤池、奈良博物館、新藥師寺金堂、東大寺、戒壇院、奈良坂、淨瑠璃寺、平城宮跡、秋篠寺、西大寺、法隆寺、唐招提寺、法華寺、藥師寺、五重塔等。

其中，如〈法隆寺夢殿〉，原文為：「あめ つち に われ ひとり ゐて たつ ごとき この さびしさ を きみ は ほほゑむ。」日文解說為：「天地に我 り居て立つ如きこのさびしさを君は微笑む。」譯成中文為：「我獨自佇立天地間，你笑如此寂寥是我。」

上：會津八一的著作《自註鹿鳴集》書影
中：西世古柳平所著《會津八一與奈良》書影
左下：位於新潟市的會津八一記念館
右下：會津八一記念館

表參道上的石燈籠

《鹿鳴集》的文學地景——春日大社表參道

　　春日大社是奈良最知名的神社之一，與奈良時代的首都平城京同時期建立，最初名號「春日神社」，供奉的是護衛奈良的武甕槌命、經津主命、天兒屋根命、比賣神等神祇。春日大社更是奈良時期和平安時期最具影響力的藤原氏家族的守護神社。

　　藤原氏在這兩個時代的權勢如日中天；平安時代初期，春日社的祭典已是官祭等級，明治四年改稱春日神社，昭和二十一年改稱春日大社，目前，奈良的春日大社是全日本春日社的總本社。

　　跟位於三重縣的伊勢神宮一樣，春日大社的宮殿自古以來每二十年便會拆除並重建，直到江戶時代末期，這個神道教的習俗就式微了。

春日大社參道入口

從奈良公園或春日野町進入春日大社正殿，必須走上一段三十分鐘以上，長長的碎石路表參道，這一條通往春日大社本殿，清幽的表參道兩側，設置有數百盞由信眾個人或商號貢獻的石燈籠，坡地上則種植著難以量計的杉樹，鹿群自由行走在杉樹蔭下覓食、休憩，成為

左頁
上：春日大社參道入口的鳥居
下：幽靜閒悠的春日大社參道

右頁
左上：春日大社參道旁的鹿
右上：春日大社參道旁的鹿群
左下：春日大社參道旁的石燈籠

到春日大社參拜的特殊景觀。這些石燈籠於每年二月和八月的燈節都會被點亮，蔚成燈海景致。

　　走在這一條長長寬闊的碎石大路，有人也許覺到久不可耐，我卻被兩旁矗立各式大小不一的石燈籠和自在無憂的閒鹿吸引目光，腳步放慢，專注無為，執著便放得下；心無旁騖，放不下的心自然放下。一路上，清風相伴，阿彌陀佛就在不遠的前方，我很快走到春日大社。

文學地景：春日大社表參道，位於春日大社入口處大鳥居。

滿園花穗垂落的紫藤花

《鹿鳴集》的文學地景——萬葉植物園

春日大社隨著藤原氏的繁榮，和興福寺一樣，誇耀著和諸侯一樣強大的勢力。神社內收藏的國寶、神殿相當精美。

自古以來，在神社自然生長的紫藤和春日大社都同樣具為藤原氏的象徵。占地九千坪，

幅員廣大，屬於春日大社附設的「萬葉植物園」，園區裡面列名八百年樹齡以上的樹木繁多，庭園造景池中央，一棵名叫「臥龍」的老巨樹，被奈良市政府指定為文化財。「萬葉植物園」的名稱，是昭和七年（1932）由裕仁天皇依日本最古老的詩歌總集《萬葉集》所命名，並於園區栽植了三百多種《萬葉集》中曾詠唱的植物。

　　「萬葉植物園」開園至今已超過八十年歷史，園區依照栽種植物的種類，分為萬葉園、五穀之里、椿園和藤之園等四大區。其中「藤之園」遍植花穗垂落長達一公尺以上的紫藤花，最具代表性；紫藤花做為春日大社的「社紋」，其由來乃因奈良時期之後的平安時期，權傾一時的皇室外戚

左頁
上：萬葉植物園入口處
下：萬葉植物園指標

右頁
左：占地九千坪的萬葉植物園
右：萬葉植物園前的杉樹林

上：藤乃園的紫藤花
下：萬葉植物園的藤乃園

藤原家族以春日大社做為家廟，便拿跟姓氏相關的「下り藤」（盛開枝垂的紫藤花）做為神社的社紋，從此以後，春日大社和萬葉植物園即以紫藤花為標誌；目前園區內總共種植了二十種、兩百多株的紫藤花，每年五月盛開季節，吸引不少遊客慕名而來賞花。

左：花穗垂落長達一公尺以上的紫藤花
右：萬葉植物園內的菖蒲

　　走進「萬葉植物園」宛若走入《萬葉集》額田王所云：「往來紫野園禁場，手吏豈不見，君又舉袖揚。」的典雅之中，翩然生動起來；又彷彿墜落到持統天皇所云：「春已去，夏似來臨，天之香具山，晾曬白衣裙。」的曼妙情愫裡，使人有大伴旅人所云：「無謂之思，思之何益，一杯濁酒，飲之自適。」的快意心動之念。

　　文學地景：萬葉植物園，位於奈良市春日野町，春日大社表參道入口左側。3月～11月／9：00～16：30（17：00閉門）。12月～2月／9：00～16：00（16：30閉門）大人／500円（團體20名以上400円）。孩童／250円（團體20名以上200円）。

🦌 刀劍甲冑和曼陀羅繪畫的美術館

《鹿鳴集》的文學地景——春日大社寶物殿

　　鄰近春日大社正殿入口旁的寶物殿，收藏並展出有奈良、平安、鎌倉、室町等時期，三千多件重要的古文物，其中國寶即占有五百二十件。包括了萌繪箏、萌繪螺鈿、平文工藝品、金地螺鈿毛拔形太刀、裝花押散兵庫鎖太刀、大鎧、刀劍甲冑、源義經使用過的護具、繪卷、鹿曼陀羅繪畫、藝能樂器、面具、裝束等；可略窺日本各代諸朝貴族生活面貌之一斑。

　　坐落在森林中的春日大社寶物殿，正是一座陳列史蹟斑痕的美術館，裡面裝滿日本歷史之美的真髓；我對悲劇英雄源義經感興趣，索性進去賞看英雄人物穿戴過的鎧冑。

那是平安王朝末年，戰記文學中的歷史角色；一生充滿悲劇色彩的人，源義經一定明白「從被踩過的痕跡，長出新芽」的道理。我看他一身穿戴的征役戰袍，也一併看見武士集團的悲哀，彷彿又回到當初閱讀《平家物語》時，看到那些不斷的爭戰帶來的凋零生命和悽屬的心聲吶喊，最後，徒讓更多人遁入空門，日夜與青燈為伴，最後引鑒出一段繁花若夢的卷首語：「祇園精舍的鐘磬，敲出世間無常的響聲。兩株娑羅樹的花色，訴說盛極必衰的道理。驕奢者如一場春夢，不會長久。強梁者如一陣輕塵，過眼雲煙。」的沉重慨嘆。

人生如一陣輕塵，過眼雲煙，何必強奪、何需強求！

左頁
上：寶物殿收藏國寶赤系威大鎧（竹虎雀飾），傳說是源義經奉納
下：寶物殿收藏的蘭陵王面具

右頁
上：春日大社鳥居
下：春日大社入口處

文學地景：春日大社，寶物殿位於奈良市春日野町，春日大社正殿入口處左側。

騎著白鹿前往平城京的武甕槌命大神

《鹿鳴集》的文學地景——春日大社

　　相傳在古老的奈良時代，神鹿島大明神武甕槌命騎著白鹿前往平城京，並開啟了當地人對神鹿的崇拜之心，視鹿為神的使者，嚴加保護，即使身為官廳要員，見到神鹿一樣得下車低頭跪拜迎接。經過一千多年的歷史傳承，鹿已成為奈良的象徵，人們心裡都很清楚，唯有與鹿相依相繫，奈良的生命才得以美麗存在。

　　供奉著包括騎白鹿來到奈良的武甕槌命在內神明的春日大社，是一座位於奈良市奈良公園內的神社，舊稱春日神社，最初建於和銅二年（710），遷都平城京後，建造者藤原不比等將神鹿島大明神武甕槌命遷到春日的若草山祭祀，神護景雲二年（768），藤原氏家族在若草山麓建造春日神社四殿，將二位守護神和二位祖神合併祭祀。社內供奉的神明除了武甕槌命，尚有經津主命、天兒屋根命和比賣神等總稱「春日神」的四大神。

　　春日山做為春日大社的神山，千年以來都被禁止砍伐，因而遍佈以槲書、米儲類樹木為主體的常綠原始森林。神社春日祭為每年三月十三日，如今的春日大社做為古都奈良的文化財一部分，而被登入世界文化遺產之列，為日本二十二社之一。

　　位於春日山西麓的春日大社，是日本全國各地春日大社的總本山，與伊勢神宮、石清水八幡宮並列為日本三大神社。春日大社的建築特徵為並立的四個社殿組成的本殿，圍繞本殿的朱紅色迴廊與春日山麓的綠色叢林相互輝映。

　　春日大社寺院簷下吊掛的銅燈籠約有一千盞，矗立的石燈籠約兩千座，其中尚有 1136 年由關白藤原忠通所奉納，名列全日本第二古老石燈籠的「柚木燈籠」，以及 1038 年由藤原賴通敬贈的「瑠璃燈籠」，最是彌足珍貴以外，餘為崇敬春日之神的信眾所敬贈。

　　朱紅迴廊垂掛一列又一列的銅燈籠，已然構成春日大社一幅趣味盎然的景致。到春日大社參拜或參訪，銅燈籠和漆金燈籠最吸引遊客的目光。

　　我在眾燈之間尋找一盞或許多盞，鏤刻著神鹿形象的銅燈籠。

文學地景： 從JR或近畿電鐵的奈良停靠站往公園走，春日大社就位於奈良公園底。

枝頭嘈不停，是鳥聲

《鹿鳴集》的文學地景──春日大社庭苑

就在春日大社的邊陲與若草山碧綠草坪交界，得一茅草搭建的休憩小店，喫一碗紅豆抹茶冰，或飲一杯沁涼心脾的綠茶，是夏日旅遊奈良最浪漫的享受。

行經坐落在綠蔭深處，清風徐徐吹來的小茶館，歇個腳，抖抖疲意，啜飲一杯涼茶，不就如《萬葉集》裡的山部赤人所云：「吉野象山中，枝頭嘈不停，是鳥聲。」

左頁：從春日大社前往若草山
　　　必經的紅橋

右頁
上：紅橋旁的水谷神社
中左：春日大社的牛車舍
中：石燈籠與石碑
中右：春日大社寶庫
下：春日大社飲茶屋

飲茶屋典雅的座椅

是鳥聲嗎？是寂靜之音。

仰望樹枝，手伸青空，眼看同行的女兒果真長大成人；唔，你們小的時候，我是大人；你們成為大人時，我已老去。喜悅的是你們，該哭泣的人，是我。

山部赤人又云：「金銀貴，玉價高；無如我兒女，最是寶中寶。」那麼，我是該收拾起傷心對殘照的心情，念及志貴皇子所云：「岩上激沖瀑布處，蕨菜抽芽，應是春來住。」然後，學那大伴家持所言：「屋前細竹，聚生從群；風起微音過，簌簌又黃昏。」把夕暮臨春日野的旅情當旅趣，細聽綠蔭間的鳥聲，一聲、二聲、許多聲的鳴叫春日野好光景。

文學地景：春日大社庭苑，位於春日大社邊陲與若草山交接小徑處。

戀愛時刻，只是瞬間
——關於三島由紀夫及其文學作品景點

關於──三島由紀夫

原名平岡公威的三島由紀夫，1925 年 1 月14 日出生東京市四谷區永住町。

身為平岡家長男，六歲開始，即在祖母夏子強勢教育的狀態下，進入皇室貴族所屬的學習院初等科就讀，受制於生性固執且偏激的祖母嚴厲的要求，三島形同被封閉在家，進而從孤寂的環境中，開始對文學產生濃厚興趣。

自小體弱多病的三島，臉色蒼白，染患有「自我中毒」的痼疾，每個月或輕或重會發作一次，出門上學，咽喉必須包紮紗布；上體育課時，同學們喊他叫：「小白臉」、「青葫蘆」，使他感到自卑不已。十歲後的三島，把課餘時間沉潛在文學創作的領域中。

1942 年他選擇學習院高等科文科乙類的大學預科繼續升學，主修德語，生平第一部短篇小說《繁花盛開的森林》也在當年由七丈書院印刷出版，一星期內銷售四千冊，數字驚人，蔚為文壇奇葩；青春的十七歲，使他從一個業餘的文學創作者，進入專業作家領域，這恐怕也是日本現代文學界少見的「文學神童」。

1944 年，第二次世界大戰進入最後階段，日本的處境急轉直下，兵敗如山倒；二月，時

左頁
上：中學時代的三島由紀夫
下：組織「楯之會」時期的三島由紀夫

右頁
左：三島由紀夫與「楯之會」四大天王
右：三島由紀夫在東京都市ケ谷的日本陸上自衛隊東部方面總監部切腹自盡（攝自新聞影片）

年十九歲的三島收到徵召電報，被派往群馬縣隸屬中島飛行機的小泉工廠擔任勞動員。

　　悽厲的戰爭結束，三島逃過慘死於戰場的命運，卻同時萌生了強烈的死亡意識，這些關於死亡與文學、文學與滅絕，竟成他文學作品中重要的元素，無不深刻的被寫入小說，發展成隱晦、華麗、陰沉、孤傲，相互交錯的極端個人特色。

　　潛心投身文學創作期間，在一次偶然的機會，他目睹到一幅吉德‧雷尼所畫的《聖賽巴斯丁》，激起他年少時代即對男體充滿濃厚興趣的慾望，他視男體為一種「足以令人窒息的美」，導致後來寫下了半自傳體的同性愛小說《假面的告白》，這本書的出版不僅轟動日本文壇，就連他描寫同性愛「誘惑慾望」般的生動文字，也成為日後同志文學的典範。

　　從三島的作品中不難發現，他心目中雄偉的男體便是他自己，在《假面的告白》中，他藉由文字揭示了隱藏在內心深處的性傾向，並將埋藏於意識深層，對於男體的慾望，毫無保留地自白出來；在《金閣寺》中，他又透過患有口吃的主角溝口表達個人對於美的偏執態度。

　　兩度獲得諾貝爾文學獎提名為候選人的三島，對日本傳統武士道精神，以及嚴厲的愛國主義極為讚賞，尤其二次世界大戰之後，日本社會西化和主權受制於美國，令他不滿。他於 1968 年組織民間防衛團體「楯之

會」；兩年後，於脫稿寫完個人最後著作《豐饒之海第四部曲‧天人五衰》的 1970 年 11 月 25 日上午，攜帶《天人五衰》原稿到新潮文庫出版社交付給主事者。

是日午前十一時許，他帶領「楯之會」四位主要成員，前往位於東京都市ケ谷的日本陸上自衛隊東部方面總監部，假借「獻寶刀給司令鑑賞」為名，進入二樓總監辦公室，將自衛隊總監師團長綁架為人質，並加以軟禁；接著，使用武士刀和短刀，把發現異狀，大約八、九名職員擊退之後，隨即走到總監師團長辦公室陽台進行演說。

原本預計兩小時的演說，因為廣場上的群眾譁然叫囂，迫使他不得不在進行未及五分鐘的混亂場面後，停止講演，黯然神傷的從陽台退回辦公室。這是三島由紀夫始料未及的結果。

希望藉由演說，達成他保衛天皇與日本擁有軍隊自主權的意圖，結果事與願違，三島當場激憤地變更計劃，在最後關鍵時刻，選擇切腹自盡，並由「楯之會」成員森田必勝和古賀浩靖相繼執行介錯任務，結束性命。此時，愛美的三島，愛己體的三島，以殉道者之姿，屍首異處，整間辦公室濺滿斑斑血跡，現場一片狼籍。

這是壯烈嗎？這是悲劇美學殘存的愚昧舉止嗎？如果三島不死，不以如此激烈的行為讓生命隱然到他書中所言，絕美的死亡意象，那他就不會是人們心目中的三島由紀夫了。

三島滅絕，好似一朵朵盛放時刻飄落的櫻花，親吻自己瀟然消逝的身影。我在他的作品中讀到愛戀己身的絕美情愫。

在人世間存活了短暫四十五年的三島，留給世人無數文學作品，長篇小說、中篇小說、短篇小說、戲曲、詩歌、評論、隨筆等近七十冊，包括：《假面的告白》、《禁色》、《潮騷》、《憂國》、《金閣寺》、《午後曳航》、《豐饒の海‧四部曲》等。

關於——三島由紀夫的《豐饒の海》

　　《豐饒之海》是三島創作後期，重要的系列長篇鉅作，分為四部曲：《春之雪》、《奔馬》、《曉之寺》、《天人五衰》。一九六五年開始在「新潮雜誌」連載，是三島式美學的極致作品。

　　「豐饒海」為存在於月球的一個巨大坑洞，稱名「豐饒」，其實是個「匱乏」的地方。想來，三島會以「豐饒之海」做為他末期創作的系列小說總稱，大概也是源由於對天人壽命將盡時，所出現的種種異象，產生輪迴轉世的意旨吧！

　　相對於輪迴轉世的意念，三島這一系列鉅著的故事，以日本南北朝分裂時期的室町幕府時代的《浜松中納言物語》為藍本寫成，又名「大河小說」。《浜松中納言物語》是一部以夢的啟示和輪迴轉世為主軸的戀愛物語。內容描寫一對毫無血緣關係的兄妹，淒涼的悲戀故事；主角浜松中納言幼年失怙，時值年輕貌美的母親再婚嫁給左大將，左大將育有一位長相絕美的女兒大君，大君和浜松中納言兩人因為父執輩的關係，從小感情

左：三島由紀夫作品《豐饒之海》第一部《春之雪》書影
右：《豐饒之海》第二部《奔馬》書影

就很要好；然而，將成為東宮的式部卿宮適時愛上大君，並予以求婚，於是左大將決定將女兒許配給式部卿宮，浜松中納言得知大君就要訂婚的消息，才驚覺自己愛她極深，卻已後悔莫及……。

《豐饒之海》第一部《春之雪》，男主角松枝清顯跟女主角搭乘馬車賞雪時，親吻比自己大二歲的綾倉聰子，這一幕讓人難以忘懷。兩人解除婚約後，聰子懷孕，在松枝侯爵的協助下拿掉小孩，聰子最後在奈良月修寺出家為尼。清顯曾說：「戀愛時刻，只是瞬間。」又說：「被岩石阻擋的河流，就算一時間不得不分叉而行，終有一天還是能合流。」故事安排清顯到月修寺想跟聰子會面，苦等五天，卻遭拒絕，於是在某個紛飄細雪的春日午后，因肺炎逝去，留下「在瀑布下再會」的二十歲遺言。

第二部《奔馬》的情節，述說擔任大阪控訴院法官的本多繁邦，某日在三輪山的三光瀑布遇到了從《春之雪》中的清顯轉世的飯沼勳，這時的飯沼勳是一名激進的右翼青年，意圖謀刺財經界領袖，本多曾寫了一封長信勸諫飯沼勳，告訴他夢境不可視為現實，但懇談結果仍無法改變飯沼勳的決定，事發前即遭逮捕；故事結局落在二十歲的飯沼勳被釋放後，獨自前往刺殺財界的黑幕藏原，切腹自殺。

第三部《曉之寺》，敘述多年後，本多在暹羅遇到了轉世的飯沼勳，他在這一世成為暹羅的月光公主金讓。金讓長大成人後，到日本求學遇到本多，本多把月光公主留宿在自己的別墅小住；

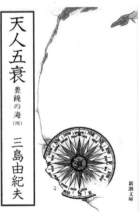

上：《豐饒之海》第三部
《曉之寺》書影
下：《豐饒之海》第四部
《天人五衰》書影

有偷窺癖的本多，某一天從牆上的窺孔裡偷看到月光公主的裸體，無意間發現她的左側腹上有三顆黑痣。而月光公主本人是一名同性戀者，跟本多的好友慶子有親密的肉體關係，本多經常從窺孔觀賞兩人翻雲覆雨的模樣。故事結尾闡述月光公主回國不久，在二十歲那年，不幸被響尾蛇咬死。

第四部《天人五衰》，正是《豐饒之海》系列的最後一部，也是三島自殺前的絕筆之作。故事延續第三部《曉之寺》，敘說七十八歲的本多繁邦，收養了疑似自己雛形的少年安永透為養子，安永透被本多口中的轉世疑慮困擾，在二十歲生日當天自殺，但沒有成功。後來本多喜歡偷窺的醜聞遭雜誌報導出來，羞於見人，遂留下與絹江結婚的安永透，獨自搭車前往奈良，去到六十一年未曾造訪的月修寺，與聰子會面。聰子自始至終否認清顯的存在，表示一切都是本多的夢。整部小說就在：「這是一座別無奇巧的庭院，優雅、閒靜而明朗。只有像是數著念珠的蟬鳴在那裡迴響，除此之外沒有其他聲音，一派寂寥到了極點。庭園一無所有。本多心想，自己來到了一個既無記憶，又別無他物的地方，夏日無盡的陽光，悄無聲息……」畫下使人感到無比悵然的休止符。

自小即嚮往滅絕與死亡的三島，大多數小說概以幻滅做為主軸，誰都料想不到，當他將《天人五衰》最終章的全部稿件交給「新潮社」，並交代出版的各項細節事宜之後，隨即帶領「楯之會」四位長相俊美的貼身同志，前往東京市ヶ谷陸上自衛隊東部方面總監部，演出一齣激烈的切腹自殺悲劇，結束絢爛而淒美的一生。

這部屬於三島畢生文學創作的壓軸之卷，他將個人淒絕的生死美學發揮到了極致，是夢、是死、是輪迴，更是他無盡滅絕的死亡美學之作。

故事中的女主角綾倉聰子，後來被三島由紀夫安排在奈良月修寺出家為尼，小說中的月修寺即是位於奈良，真實的圓照寺。

🦌 寂無聲息的圓照寺

《豊饒の海》的文學地景——圓照寺（月修寺）

奈良位於畿內平原，從京都到奈良約二十分鐘車程即可抵達，這座曾被當成永久首都，號稱日本國起源的古都，充滿歷史寶藏，日本最古老的佛教寺院大都集中於此。三島由紀夫在《豊饒之海》四部曲中所提聰子出家的月修寺，即是依據奈良臨濟宗妙心寺派的圓照寺為藍本的構思。

《豊饒之海》第一部《春之雪》故事發展到後來，聰子和清顯發生肉體關係，懷有身孕，綾倉一家人為了保有與洞院宮家的關係，暗地設法帶聰子前往大阪墮胎。而當綾倉夫人和聰子到奈良的月修寺探望住持女尼之後的第二年，兩人再度前去造訪，豈料住宿的晚上，夫人竟然發現聰子失

蹤。第二天夫人來到寺院的大雄寶殿，「只見佛前點燃了兩支帶花車圖案的花燭，聰子就坐在佛壇前。」綾倉夫人告訴自己，她從來沒見過聰子這樣的背影。「聰子已經削髮了，她將削下的頭髮供在經案上，手持念珠，一心在禱告。」

奈良古都，更是《豐饒之海》四部曲中最重要的文學地景。《豐饒之海》第四部《天人五衰》從已然八十一歲的本多繁邦的眼界，描寫衰老後的本多在安永透身上尋索輪迴轉世遭到挫傷，轉而重回奈良月修寺，意圖從綾倉聰子的身上證實松枝清顯的輪迴之論。

三島寫道：「月修寺好像端坐於白雪皚皚的峰頂，表情由嫵媚而矜持，由柔和而威嚴。那虛無縹緲的寺院，遠在人世盡頭，寂無聲息的月之寺，濃縮式鐫刻著越老越小越漂亮的聰子的紫色袈裟，寒光熠熠，儼然坐落在思考的極限認識的終端。」小說裡的月修寺，即奈良市南郊的圓照寺。

圓照寺，位於奈良市山町，屬臨濟宗妙心寺派的女尼寺，山號普門山，別稱「山村御殿」。 永十七年（1640），原是後水尾天皇的第一皇女「深如海院宮」

左頁：《豐饒之海》女主角綾倉聰子出　　　家為尼的圓照寺（月修寺）山門
右頁
上：位於奈良市山町的圓照寺
中：迷霧中的圓照寺
下：山號普門山的圓照寺

屬臨濟宗妙心寺派女尼寺的圓照寺

文智女王出家的京都東山修學院，於 1669 年移建到此的尼姑寺。本殿被指定為奈良縣文物，本尊為木造如意輪觀音像。平時不接受信眾參拜，只於每年四月第二個星期日舉行奉法會。

文學地景：圓照寺，位於奈良市山町，近鐵奈良站往山村町行，在「圓照寺前」下車徒步5分鐘可達。

東渡日本宣揚佛典與大唐文化的鑑真

──關於井上靖及其文學作品景點

關於——井上靖

　　1907 年出生北海道旭川町，原籍靜岡縣田方郡上狩野村湯の島的井上靖，父親井上隼雄任職於旭川第七師團的軍醫部。五歲時，井上靖離開父母，回到家鄉伊豆湯の島，由曾祖父的妾室加乃撫養。

　　大正三年（1914），井上靖進入湯の島小學，就讀二年級時，母親的妹妹美琪從沼津女子學校畢業回到家鄉，受聘到湯の島小學擔任代課老師。美琪十分疼愛井上靖，井上靖也喜歡年輕貌美的漂亮姨媽。在井上靖心目中，美琪替代了遠在旭川町的母親的形象，他把對母親的思念轉化成對姨媽的喜愛。

　　後來，美琪姨媽愛上學校一位年輕男同事，懷孕後辭職離開學校。

　　懷有身孕的美琪為了避人耳目，只得趁夜晚搭乘人力車出嫁。這段感人情節，出現在井上靖日後寫作的《拉車的白馬》一書裡。美琪姨媽出嫁後不久因病去世，她青春美好的影像留在井上靖的心目中，發展成永恆的女性偶像。

左：原籍靜岡縣田方郡上狩野村湯の島的井上靖
右：井上靖

這種對母親的思念之情，寄託在年輕姨媽身上的想望，井上靖將之表現在《射程》中的三石多津子、《冰壁》中的美那子、《風林火山》中的由布姬和《灰狼》中的忽蘭，這些令人憧憬的溫柔女性，幾乎化身自姨媽的形象。

就讀中學二年級時，父親轉任台北衛戍區病院院長，他則轉校到沼津中學，住在三島的伯母家。緣由於離開雙親的約束管教，井上靖的成績一落千丈，讀四年級時被送到沼津的妙覺寺寄宿。個性變得懶散起來，就在這段時間，他結交了不少愛好文學的朋友，也學會抽煙和喝酒，這時期，文學開始在他心中萌芽。

1930 年，井上靖進入九州帝國大學法文系就讀，興趣所致，兩年後重新考進京都帝大文學系哲學專科，專攻美學。由於中學時代接觸過中國的歷史、文化，進入大學後，自發性的廣泛涉獵中國文史。期間，他閱讀了《史記》、《漢書》以及《後漢書》等史籍。1937 年爆發中日戰爭，井上靖被徵召入伍，去到中國河北省，四個月後因腳氣病發作而返國，同年退伍。

戰爭結束後，井上靖陸續在關西地區的雜誌和報紙發表詩作，1950年以小說《鬥牛》獲芥川獎。之後，自 1958 年處女詩集《北國》問世，至 1990 年，相繼出版《地中海》、《運河》、《季節》、《遠征路》、《乾河道》、《星闌干》等多部詩集。二十世紀四〇年代末期，井上靖開始從事歷史小說創作，成為專業作家。描寫敦煌千佛洞由來的《敦煌》、講述成吉思汗的《灰狼》、以朝鮮人立場描寫元寇的《風濤》、追溯大黑屋光太夫漂流生涯的《俄羅西亞國醉夢譚》等作品奠定了他成為歷史小說作家的地位。

昭和五十一年（1976）榮獲日本文化勳章的井上靖，其歷史小說的內涵，流動著省思人物虛無飄渺的命運。《樓蘭》如是，《崑崙之玉》如是，

《羅剎女國》亦復如是。

　　跟司馬遼太郎一起被列為中國歷史小說創作專家的井上靖，一生走訪中國二十七次。1980年，高齡七十三歲的井上靖，甚至受邀擔任 NHK 電視台《絲綢之路》的藝術顧問，與日本廣播協會、中國中央電視台攝製人員，在戈壁驕陽和大漠風沙中追尋絲路古道。井上靖不僅讓自己成為中國歷史專家，更且掀起一陣世界性的「敦煌熱」。

　　平成三年（1991）一月二十九日，井上靖因病去世，戒名峰雲院文華法德日靖居士，葬於靜岡縣伊豆市的湯の島，葬儀委員長為司馬遼太郎。井上靖是繼川端康成後在伊豆留下最多足跡的文學家，井上靖讀過書的湯の島小學、井上靖文學碑、矗立在湯の島山丘上的井上靖慰靈詩碑，以及位於「伊豆の森」的井上靖舊邸都成為文學景點。

　　井上靖一生受獎無數，著作上百冊，小說、詩歌、隨筆、紀行等，包括：《流轉》、《夏草冬濤》、《流沙》、《孔子》、《風林火山》、《敦煌》、《旅路》、《天平の甍》等。

　　閱讀井上靖的《敦煌》，觀賞由他擔任顧問製作的《絲綢之路》影片，令人感佩這位熱愛西域文化的日本文學家，平生對文學創作的執著與熱忱。

養之如春

井上靖

左頁
上：井上靖在西域（攝自新聞影片）
下：井上靖的書法

右頁
上／中：井上靖《天平の甍》書影
下：井上靖的作品《井上靖全集》書影

關於──井上靖的《天平の甍》

　　歷史小說《天平の甍》，為日本近代作家井上靖的著作，發表於 1957 年；本書透過日本僧人戒融、榮叡等赴唐王朝留學，並邀聘名僧鑑真前赴日本傳教，以及鑑真耗時十餘年，第六度才成功渡海日本傳播佛法與大唐文化的動人歷史故事；井上靖在這本書裡，以藝術筆觸、典型的現實主義手法，塑造歷史發展規律的形象，更頌揚了鑑真上人偉大、高尚的獻身精神，全書熱情洋溢、文筆流暢、生動感人，成為當代日本文學作品中的名作之一。

　　天平の甍，甍，音ㄇㄥˊ，屋脊之意。

　　《天平之甍》一書敘述的背景，是日本聖武天皇天平四年（732），相當於唐玄宗開元天寶年間。天皇指派第九批遣唐使，由多治比廣成率領，共 584 人，包括隨行四名年方二十的僧侶，遇事冷靜沉著的普照、熱情待人的榮叡、性格軟弱的玄朗和磊落豪放的戒融，分乘四艘大船，於海上遭受惡劣環境的挑戰，一行人歷時九個月，終於抵達大唐名城洛陽。時值春天，金碧輝煌的宮殿與盛開的牡丹花相互輝映，使普照等人眼界大開，對唐王朝的文化欽羨不已。

　　這支龐大的使節團，留學大唐期間，除了學習佛法之外，還奉命邀請一位具備三師七證的高

僧到日本授戒，替當時大批流民為逃兵役賦稅而混進佛界，使得佛俗混亂、綱紀大墜的社會、政治尋求澄明安定。

　　然而，當時從大唐渡海東瀛難如登天，淼漫滄海，百無一至，沒人有氣魄和勇氣東渡，此中唯有一人毫不猶豫的答應，他就是「江淮之間，獨為化主」的揚州高僧鑑真和尚；那時，鑑真上人年五十五，相貌堂堂，巍然如山，充滿大將氣概，其人額寬，眼、鼻、口皆大而穩定，頂骨秀氣，顎部似有意志般地展開；四位日本留學僧人總感覺德高望重的鑑真上人簡直就是了不得的武將。

　　小說描述，鑑真答應東渡後，從天寶二年開始進行出海行動，前後歷經十一年的第六次才成功抵達日本。就在第五次渡海失敗後，鑑真的雙目因屢遭海風吹襲而告失明，直到六十五高齡抵日後，除了弘佛教義、宣揚大唐文化，更在奈良建造「唐招提寺」，講授佛典與授僧戒律。

　　因為鑑真的緣故，唐招提寺的建造，表現其對日本宗教、藝術與文學的貢獻。尤以唐招提寺的主要建築「金堂」，不僅代表奈良時代建築的第一佳構，尤以支柱的組織形式，更成為後世日本主流建築「和樣」的典範。此外，鑑真對於佛像雕刻、漢學著作、發揚梵唱，以及醫學知識的貢獻，被列為永垂不朽的功績；鑑真逝世前，由弟子所刻木佛像為日本現存最古老的佛雕。

　　《天平之甍》是井上靖根據史實所改寫的歷史小說，他在書中誠懇而不脫現實的呈現鑑真上人東渡授戒的艱困經過，以及堅持東渡日本弘教的偉大精神。故事發展到後來，普照、業行、鑑真等人終於搭乘第十次遣唐使的船隻返回日本，卻在途中遇上暴風雨，業行所搭乘的船不幸遇難，其花費畢生精力所抄寫的經文也跟著石沉大海，最後僅剩普照、鑑真等人平安踏上日本國土。

雙目失明的鑑真上人

《天平の甍》的文學地景——唐招提寺

　　位於奈良市的唐招提寺是由唐代高僧鑑真上人親手興建，倣效大唐寺院的建築格式和佈局，是日本佛教律宗的總本山，這座具有盛唐風格的建築被指定為國寶。唐招提寺是鑑真第六次東渡日本成功後，於天平寶字三年（759）開始建造，約於 770 年竣工。寺院大門褪色的橫額「唐招提寺」四字，是孝

謙女皇仿王羲之、王獻之的字體所書。寺院內，松林蒼翠、庭院幽靜、殿宇重重，有天平時代的講堂、戒壇，奈良時代後期的金堂，鎌倉時代的鼓樓、禮堂以及天平時代的佛像、法器和經卷。

其中金堂最大，以建築精美著稱，是日本最大規模的天平建築，堂內供奉漆金主佛盧舍那佛像、千手觀音佛立像和藥師如來佛立像。講堂位在金堂後面，內有一尊彌勒如來佛像，佛像兩側各有一座貌似古轎的亭子，是當年鑑真授經之地，最盛時期曾有僧徒三千人。講堂庭院裡的藏經閣，收藏有鑑真自大唐帶去的經軸。

另外，建於 1688 年的御影堂，堂內供奉鑑真坐像，高二尺七寸，面向西方，雙手拱合，結跏趺坐，團目含笑，兩唇緊斂，表現鑑真於 763 年圓寂的姿態，是日本最早的肖像彫刻。御影堂前東側則為鑑真墓，院中種植有松樹、桂花、牡丹、芍藥、瓊花等名花異卉。1998 年做為「古都奈良文化財」的組成部分，被列為世界文化遺產。

上：唐招提寺山門
中：「唐招提寺」四字，是孝謙女皇仿王羲之、王獻之的字
　　體所書
下：唐招提寺石碑

唐招提寺金堂

　　雙目失明的鑑真高僧，原是揚州江陽縣人氏，西元 688 年出生，十四歲時到揚州大雲寺出家，後來成為律宗一派的大師，並在揚州大明寺講授戒律。

　　733 年，日本僧人榮睿，普照等人隨遣唐使團到大唐遊歷學習，唐天寶元年（742），榮睿、普照等人到揚州請求鑑真東渡日本傳授戒律，鑑真雖年屆五十五，卻認為「日本是和佛法興隆有淵源的國家」，便欣然接受邀請東渡日本。東渡五次均告失敗，期間，日本僧人榮睿和鑑真大弟子祥彥分別病死端州和吉州，鑑真也由於暑熱和海風影響，罹患眼疾，最後雙目失明。

　　西元 753 年冬，雙目失明的鑑真已然六十五歲，他帶領弟子法進等人和南亞、西亞的僧侶共二十多人，與阿倍仲麻呂一起從揚州開始第六次的

唐招提寺藥師如來佛立像　　　　　　唐招提寺由唐代高僧鑑真上人親手興建

東渡之旅，結果所乘船隻在海上再次遇到風暴。阿倍仲麻呂等人隨波漂流到南海，而鑑真一行人歷經艱辛，終於在是年年末抵達日本九州，前進奈良，為日本的佛教、建築、雕刻、文學和醫學做出無比巨大的貢獻。

　　我在五条町尋找唐招提寺，竟像來到僻靜鄉野地，看見小路旁民宅前許多奇花異卉，在夏日晴空下，無爭無憂的綻放，粉紅的、青紫的、白的或紅的，優雅極了；佛就住在這裡，就在路旁，就在我無需念茲在茲的心裡。

文學地景：唐招提寺，位於奈良市五条町。

拈起一瓣大和古寺風物誌
——關於龜井勝一郎及其文學作品景點

關於——龜井勝一郎

　　龜井勝一郎，1907 年出生北海道函館市元町，日本文藝評論家、思想家。曾就讀北海道彌生小學校、函館高等學校、舊制山形高等學校，1926 年進入東京帝國大學文學部美學科，後來參加馬克思主義藝術研究會成為「新人會」，攻讀馬克思列寧主義著作，1928 年退學。

　　1932 年，龜井勝一郎加入無產階級作家同盟，並發表《關於現實主義》等文。曾任日本文藝家協會副理事長、日中文化交流協會副理事長，專事研究日本古典文學和現代文學，著有《大和古寺風物誌》、《我的精神遍歷》、《島崎藤村論》、《太宰治研究》、《知識分子的肖像》、《日本人的肖像》、《日本人的典型》、《現代作家論》等。

　　在《現代史的課題》一書中，龜井勝一郎指出，研究日本現代史應把重點放在日中的文化關係。自 1959 年起，他開始在《文學界》連載《日本人的精神史研究》，其中《古代知識階級的形成》、《中世紀的生死和宗教觀》、《室町藝術和民眾的心》等四卷曾印行單行本。1951 年獲讀賣文學獎，1964 年獲藝術院獎，

左頁
上/下：龜井勝一郎

右頁
左上：龜井勝一郎的書法
右上：龜井勝一郎誕生地紀念碑
左下：龜井勝一郎文學碑

1965 年因《日本人的精神史研究》一書獲得菊池寬獎，同年成為藝術院會員。

　　1960 年到 1964 年間，龜井勝一郎曾三度訪問中國，寫下《中國紀行》。昭和四十一年（1966）因病逝世，後設立「龜井勝一郎獎」。北海道政府為紀念出生函館的龜井勝一郎，特別在元町設立「龜井勝一郎誕生地」石碑，碑文由文學家武者小路實篤手書；另於函館青柳町設立「龜井勝一郎文學碑」，碑文為臨終前所寫：「人生邂逅し開眼し瞑目す」（人生邂逅、活著、死而無所懸念）。

關於——龜井勝一郎的《大和古寺風物誌》

　　龜井勝一郎曾於 1926 年進入東京帝國大學文學部美學科就讀，後因「思想問題」遭檢舉，保釋後加入馬克思主義藝術研究會，專心研究、考察日本古代佛像、美術品、宗教，後來寫成著名的《大和古寺風物誌》一書，在這本書裡，他以藝術評論家的角度，介紹佛像藝術所代表的歷史演進，從飛鳥時代、奈良時代以降，遺留下來的古文物象徵的時代意義。

　　「大和」二字為日本國的異名；「大和民族」指繩文時代以前，日本列島的住民。日本國的名稱於古墳時代稱「倭」，飛鳥時代稱「大倭」，奈良時代中期，從「大倭國」改為「大和國」，大和王朝所指的國家首都所在地，位於奈良盆地東南地域。如今，奈良地區仍使用「大和」二字，龜井勝一郎所著《大和古寺風物誌》即指奈良的古寺風物巡禮。

左：龜井勝一郎的作品《大和古寺風物誌》書影
右：龜井勝一郎的作品《我的精神遍歷》書影

日語自稱日本人為大和民族，或稱日本民族、大和族，是構成日本國主體的民族，約占當前日本人口總數的 99.9%，其餘為愛努人與琉球人，主要分布於日本列島。「大和」一詞有時成為「日本」的代稱，如「大和魂」意指「日本精神」。

大日本帝國時代，大和人是指不同於愛努人、琉球人、朝鮮人、台灣原住民族、台灣漢人的日本民族，也是指不同於愛努人與琉球人等原日本人的民族。

從《大和古寺風物誌》的報導寫作中，讀者不僅可以閱讀到作者走訪奈良古都的風情，並得以自古寺、佛像藝術的介紹，進一步認識奈良時代的日本歷史、宗教與文化進展。

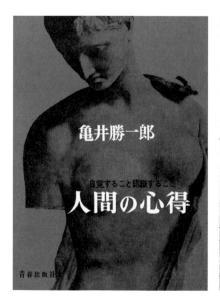

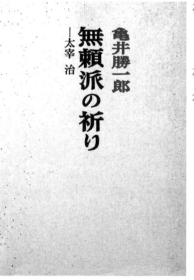

左上：龜井勝一郎的作品《大和古寺風物誌》書影
左中：龜井勝一郎的作品
右下：龜井勝一郎的作品

瑠璃宮裡的月光菩薩

《大和古寺風物誌》的文學地景——藥師寺

　　藥師寺，別稱「瑠璃宮」，為「南都七大寺」之一法相宗的大本山。
680 年時，天武天皇為祈求生病的鸕野讚良皇后（後來的持統天皇）早日
康復，發願在飛鳥的藤原京城殿（現今奈良縣橿原市）興建藥師寺，這座
寺院後來跟隨平城宮遷都而搬遷到奈良現址。

　　寺內奉祀藥師三尊像、日光菩薩立像、月光菩薩立像和吉祥天畫像，
是日本佛教美術的極品傑作。其建築採完全對稱的唐式配置，正殿和講堂
位於中間，兩側各有高塔。高三十三點六公尺的東塔，跟創建時一樣被完
整遷移保留下來，西塔則為 1981 年重建。

左頁：藥師寺和唐招提寺位於「西ノ京」車站附近

右頁
左上：藥師寺告示牌
右上：藥師寺收藏的「釋迦・涅槃」圖
　　下：藥師寺山門

左頁
左上：藥師寺東西二塔
左下：遠眺藥師寺

右頁
藥師寺東塔

　藥師寺正殿曾遭火災燒燬，於 1970 年代重建，其中的東塔是自 730
年以來，唯一歷經多次祝融光顧仍屹立不搖的建築物。初看東塔似為六
層，其實與西塔一樣只有三層，可見建築造法神乎其技。

　1998 年，藥師寺以古都奈良的文化財一部分而列入世界文化遺產之
中。東塔、東院堂、藥師三尊像、南門、傳大津皇子坐像等，都列為重要
文化財。

藥師寺西塔

　　彷彿走進鄉間小路，漂浮著寧謐祥和氣息的藥師寺寺前步道，不禁使人自心底升起一股平和氣象；坐落鄉野之境的藥師寺，在夏日午后的日光下，恬適安詳，一如菩薩靜穆堂中坐，我在其間感受著微風陣陣吹送的清涼好意。到藥師寺祈求什麼？無非無病無痛，平安康健吧！

　　幽雅、靜默的藥師寺，我喜歡無為無求面對慈眉善目的菩薩，宛若與美邂逅。

文學地景：藥師寺，位於奈良市西ノ京町，從奈良車站搭乘巴士，15分鐘可抵達。與唐招提寺相距不遠。

第 8 帖

寒山落木，鐘鳴法隆寺

──關於正岡子規及其文學作品景點

關於——正岡子規

正岡子規，本名常規，別名獺祭書屋主人，生於慶應三年（1867）愛媛縣松山市，卒於明治三十五年（1902年），明治時代的文學宗匠，俳句、短歌、新體詩、小說、評論、隨筆等多方面的創作才華，東京大學國文系中途退學，後罹患結核病七年而歿，享年三十四歲。作品有：小說《月亮的都城》、《花枕》、《曼珠沙華》等；俳句集《寒山落木》；歌集《竹鄉俚歌》；俳句論著《獺祭書屋俳話》；隨筆《一滴墨汁》、《病床》、《六尺》等。正岡子規不僅是俳句改革運動的提倡者，更是日本棒球導入者，熱中於棒球運動的他，總是擔任捕手的位置。

正岡子規幼學於私塾，並向藩儒學習漢學。就讀松山中學時，接近自由民權思想，立志當政治家。明治十六年（1883）至東京，隔年進入東京大學預備門就讀，1888年，時當日本大文豪夏目漱石考入東京第一高等中學，與俳句運動倡導者正岡子規結為摯友，二十二歲那年，夏目漱石更以漢文評論他的《七草集》詩文集。

原名金之助的夏目漱石首次署名「漱石頑夫」，用漢詩體寫作遊記《木屑集》，這個頗具漢學意涵的名字，取材自古代中國《晉書·孫楚傳》。相傳孫楚年輕時為體驗隱居生活，對朋友王濟說要去「漱石枕流」，王濟回答：「流不能枕，石不能漱。」孫楚辯稱：「枕流是為了洗滌耳朵；漱石是為了砥礪齒牙。」這個典故顯現孫楚不服輸的性格。

夏目金之助以「漱石」為筆名正符合他堅定的意志，另有一說法，稱金之助和孫楚都被當代人視為異人，便以「漱石」自喻；又有一說，「漱石」一開始為子規所用，後來被夏目借用，一借百年，人們熟知的「夏目漱石」即是夏目金之助的筆名。

　　正岡子規在東京第一高等中學本科求學時代，唯一深交的朋友是夏目漱石，兩人親密的友誼堪稱日本近代文學史的一段佳話。雙方彼此尊敬、互相切磋，詩文贈答不絕，書信往復不斷，讓夏目漱石著實受益匪淺。正岡子規是夏目漱石人生中所遇到的第一個立志畢生從事文學創作的朋友，一個可以因為志同道合而交往的人。

　　兩人互有來往則始於 1889 年 1 月，子規曾用漢文寫道：「余知吾兄久矣，而與吾兄交者，則始於今年一月也。余初來東都，求友數年，未得一人。及知吾兄，乃竊有所期，而其至辱知己。而憶前日，其所得于吾兄，甚過前所期矣。於是乎余始得一益友，其喜可知也。」根據夏目漱石的回憶，兩人交往的最初都對曲藝特別感到興趣。

　　子規拿出於 1889 年 5 月寫成的《七草集》，請同學傳閱，也讓夏目指正，漱石讀後，大受刺激，一面在讀後感裡讚揚子規才華洋溢，愧嘆自己才淺愚陋；一面卻又動起筆來，同年 9 月 9 日，夏目漱石的漢文暑假遊記《木屑錄》脫稿。

　　1892 年 7 月，子規在學年考試中落榜，就此離開東京大學。暑假期間，他和夏目漱石到岡山、松山遊覽，並初次會見高浜虛子，虛子後來說道：「子規穿著和服，盤腿大坐；漱石卻身著大學制服，屈膝端坐。子規粗魯

地用筷子夾菜吃，漱石卻端起盤子規規矩矩地吃著。總之，『和看來什麼都放膽去做的子規居士相反，漱石氏極為彬彬有禮的紳士態度仍然清晰地留在目前，恍如昨天的事情一般。』」

中途離開東京大學的正岡子規黯然返回四國愛媛縣松山市舊居後，持續俳文創作。不久，進入「新聞日本社」工作；日清戰爭期間的明治二十八年（1895）3月，他以戰地記者的身分隨軍出征，5月，在歸國途中不停咳血，這是惡劣的生活條件所造成的，更成為他於病床上終其一生的開端。雖然臥病在床，仍致力於文學革新，提倡俳句寫作，是一位熱心文學教育的推動者。

日本近代史上，正岡子規除了以俳句改革者而聞名，更是棒球運動的導入者。據說，棒球是於明治六年（1873）由美國傳入日本，之後在東京大學預備門流行起來。

明治十九年（1889），在東京大學預備門就讀的正岡子規，開始熱中棒球。明治二十三年（1890）四月，他把自己穿著球服的照片，連同書信一起寄給友人大谷是空。信中，首次出現「能球」、「野球」的雅號。他在和友人合寫的棒球小說《棣棠之一枝》裡，親自描寫球棒、球、壘包、球帽、球網等各式棒球用具。

明治二十九年（1896）在報紙上連載隨筆《松蘿玉液》，是日本最早出現棒球規則和棒球相關譯語的文獻。書中「直球」、「打者」、「走者」（跑者）、「四球」（四壞球）、「飛球」（高飛球）等譯語，至今仍被廣泛使用。

正岡子規以棒球為題材的俳句、短歌和小說，對於日本推廣棒球運動的功績卓越，他本人更是日本棒球草創時期的知名捕手。平成十四年（2002），東京棒球體育博物館正式將正岡子規之名及其事蹟納入棒球殿堂，以表彰其對日本棒球發展的貢獻。

關於——正岡子規的《寒山落木》

　　《寒山落木》是正岡子規重要的俳句著作，全書從明治十八年（1885）到二十九年（1896），陸續寫作發表，共得五卷，卷一全 2043 句，卷二全 2998 句，卷三全 1965 句，卷四全 2836 句，卷五全 2994 句，每卷大都以新年之句、春之句、夏之句、秋之句、冬之句分門別類。

　　就連書名都以如此凄冷卻詩意十足的字句命名，正岡子規的俳句才華與才情使人讚佩呀！

　　他在《寒山落木》寫到奈良和法隆寺者，選載自明治二十八年所寫卷四〈秋之句〉數首，如下所列：

　　秋　寒山落木　四

　　〈法隆寺二句〉

　　行く秋をしぐれかけたり法隆寺

　　行く秋を雨に汽車待つ野茶屋哉

正岡子規俳句

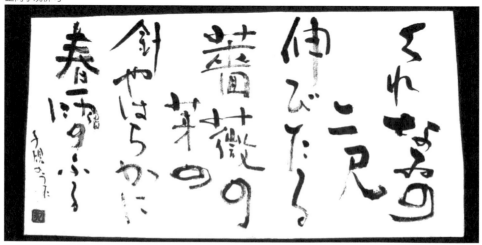

左頁：松山市末廣町「子規堂」的正岡子規雕像
右頁：法隆寺五重塔

秋　寒山落木　四
〈法隆寺〉
利とこたへて消えよ露の玉

秋　寒山落木　四
〈法隆寺の茶店に憩ひて〉
柿くへば鐘が鳴るなり法隆寺
垣ごしに　柿垂るゝ隣かな

秋　寒山落木　四
〈奈良角定にて〉
大　の足もとに　る夜寒哉

秋　寒山落木　四
〈奈良五句〉
鹿鳴くや小　の外は薄月夜
鹿聞いて淋しき奈良の宿屋哉
奈良の宿悲しく鹿の鳴く夜哉
ともし火や鹿鳴くあとの神の杜
鹿も居らず樵夫下り　る手向山

聖德太子的夢殿

《寒山落木》的文學地景——法隆寺

　　法隆寺位於奈良縣生駒郡斑鳩町，俗稱「斑鳩寺」；據傳為推古天皇和聖德太子於 607 年飛鳥時代所建造的佛教木結構寺院，1950 年從法相宗獨立，如今成為「南山七大寺」之一聖德宗的總本山，立聖德太子為開宗祖師，並將太子撰述的《三經義疏》奉為聖典，遵從太子「以和為貴」的思想。

　　法隆寺占地面積約十八萬七千平方公尺，寺內保存有飛鳥時代以來，維護與收藏的各種建築及文物珍寶，重要文物約 190 件，合計全寺藏寶共 2300 多件。主祭釋迦如來佛。

　　法隆寺分為東西兩院，西院保存了威風凜凜的木造金堂，堂內周圍牆壁繪有聞名的壁畫，中堂奉祀釋迦三尊像。另則，高三十一點五公尺的五重塔，各層屋簷愈往上愈小，擁有豐富的優美姿態，五重塔被迴廊圍繞著，

左頁　　　　　　　　　　　　右頁
左上：法隆寺西院伽藍　　　　法隆寺講堂
左下：法隆寺金堂
右下：法隆寺夢殿

　迴廊的南邊正面中門，還有大講堂、鐘樓和經樓等；東院原為聖德太子居住的斑鳩宮，有八角圓堂的夢殿，是現存世界上最古老的木造建築群。其中，西院伽藍在伽藍藝術的配置上，可以稱得上創造出日本獨特的美學意識，兼而讓人認識日本佛教文化搖籃期的弘法睿智和建築技術。

　　法隆寺的金堂、五重塔、夢殿、中門金剛力士像等建築物群和法起寺共同在 1993 年以「法隆寺地域的佛教建築物」的名義被列為世界文化遺產。

左：法隆寺鐘樓
右：法隆寺內的正岡子規句碑

　　法隆寺庭院鏡池畔矗立有一塊長方形的「正岡子規句碑」，碑石鐫刻正岡子規在《寒山落木》描寫法隆寺的著名俳句：「柿食えば鐘が鳴るなり法隆寺」。這是推動俳句可以用「寫生」方式描景述情的正岡子規，以客觀的寫生句所寫下的佳句。

　　到法隆寺欣賞日本飛鳥時代遺留下來的建築藝術，尚可到鏡池畔感受，一生窮困卻未被貧窮擊潰的正岡子規，是以何等平靜的心情散步在法隆寺，且寫下不少首關於法隆寺的俳句詩篇。

　　俳句詩人用詩心寫作宗教、寺院，景中見情，情裡有心，常使人讀罷拍案叫絕，嘆為神來之筆。

　　文學地景：法隆寺，位於奈良縣生駒郡斑鳩町法隆寺山內1-1。

第9帖

暗夜行路來到奈良僻靜聚落

——關於志賀直哉及其文學作品景點

關於——志賀直哉

　　1883 年出生宮城縣石卷市的志賀直哉，祖父曾是相馬藩府的家臣，三歲隨父母上京，接受貴族子弟教育，十八歲跟宗教家內村鑑三學習，二十一歲進入學習院高等科學習文學創作。1904 年發表處女作《菜花與少女》。

　　1906 年，志賀直哉進入東京帝國大學文科英文系就讀，兩年後轉讀國文學科，中途輟學。後與武者小路實篤、木下利玄共同創辦雜誌《望野》；對當時主張純客觀理念的自然主義文藝思潮不滿，主張肯定積極的人性、尊重個性、發揮人的意志、提倡人道主義與理想主義的文學，形成「白樺派」。

　　期間出版《到網走去》、《剃刀》、《克羅諦思日記》、《在城崎》、《佐佐木的場合》、《好人物夫婦》、《赤西蠣太》，以及描寫立志文學，與父親志賀直溫發生衝突，終至得到認同的《和解》等作品。

　　1918 年經過短暫休息後，志賀直哉重新提筆，寫作《暗夜行路》，蜚聲文壇，被喻為新現實主義第一人。他深邃的觀察人性，對於庸俗與虛偽極其憎惡，是個充滿理想主義的熱情知識分子。作品大都取材自生活，被認為是現

左頁
上：年輕時代的志賀直哉
中：中年時代的志賀直哉
下：晚年時代的志賀直哉

右頁
志賀直哉與家人出遊合影

代日本文學中從自我經驗中取材最多的作家，他關心社會事務，在政治和文學上表現堅貞不屈，早年關懷足尾礦工中毒事件、同情寫作《蟹工船》的小林多喜二為工人所做的犧牲。

第二次世界大戰期間，他堅持保持緘默，以示對侵略戰爭的抗議。後期作品《萬曆紅瓷瓶》、《颱風》、《早春的旅行》、《寂寞的一生》、《灰色的月亮》和《被腐蝕的友情》等，大都緊繫於對社會的關懷。1948年榮獲日本文化勳章，1971年10月21日辭世。

關於——志賀直哉的《暗夜行路》

從 1921 年開始，著手寫作他生平唯一的長篇小說《暗夜行路》，歷時 16 年之久，於 1937 年終告完成。這是他的代表作，描寫一位孤獨的知識分子，生活在無法圓融的不幸中，與思想苦悶的道路上，暗夜探索的歷程。主角時任謙作是祖父和母親的私生子，在兄弟間一直遭受歧視，母親去世後，他跟祖父及其年輕的姿室共同過著寂寞的生活。為立志從事文學事業與父親發生衝突，婚後又發現妻子不忠，便獨自浪跡天涯，最後，在旅途中病倒他鄉。妻子趕到時，只見病楊上的丈夫睜開柔和而充滿愛的眼眸。

　　《暗夜行路》是志賀直哉被視為傾注畢生精力，唯一的長篇小說；日本評論家喻為「小說の神樣」，並認定為志賀直哉的代表作。

　　這部長篇小說創作於白樺派全盛時期，作者以第一次世界大戰後，在世界各國逐漸形成民主思潮為契機所完成的作品。

　　《暗夜行路》的出版使當代的知識份子對人類充滿美好理想，以及跟社會無止境進步所懷抱的希望，給予莫大助力。白樺派以武者小路實篤的話：「通過個人或者個性來發揮人類意志作用」做為指導思想的最高原則，堅持貫串人道主義和理想主義的精神，這股巨大的力量，撥開了陰鬱的自然主義的烏雲，正如芥川龍之介所言：「打開了文壇的天窗，讓清新的空氣流通進來。」

　　贏得越來越多讀者喝采的《暗夜行路》，主角浪跡天涯所行走過的路，包括鳥取縣大山、廣島尾道、京都等地，最後在奈良「志賀直哉舊居」脫稿完成。

左頁
志賀直哉在奈良舊居的小池塘，也是寫作〈池の緣〉的靈感地

右頁
上：志賀直哉的作品《暗夜行路》書影
中：志賀直哉的作品《志賀直哉隨筆集》書影
下：志賀直哉的作品《和解》書影

🦌 竹林傳來葉落輕飄聲

《暗夜行路》的文學地景——下の禰宜道

　　這一條小徑被取名叫「下の禰宜道」，起點始於春日大社入口石階右下方，這條指標不是十分明顯的山間小路，把「志賀直哉舊居」指向前方。

　　就隨興跟著指標的方向前進吧！路旁兩側盡是遮陽蔽蔭的綠色樹林，神鹿伴隨其畔而行，不覺小路淒清冷然；不長的山間小徑，有別於叢山峻嶺崎嶇難行的坎坷山路，不過就是一條幽深寂靜的綠色隧道，時而碎石

左頁
起點始於春日大社入口石階右下方的「下の禰宜道」

右頁
左上：下の禰宜道之碎石小道
中上：樹蔭濃密的下の禰宜道
右上：下の禰宜道之路標
下：下の禰宜道小河道

179

下の禰宜道之柏油小路

段，時而柏油路面，忽然橫過一道石板橋，聽聞風起山林，傳來竹林葉落輕飄聲，是美喲；無怪乎如《詩經》般優美的《萬葉集》裡會寫道：「四方子民呵，山原遼闊，直上青天的炊煙。浩浩海波呵，處處是飛鳥的翔翔。」

穿過下の禰宜道的盡頭，便是高畑大道町住宅區，著名白樺派的小說家志賀直哉的舊居就在那邊，一棟和洋折衷建造的老房子靜靜坐落其間；斯人不見了，房子變成觀光景點，我抱著崇敬的俗念走近作家在此落筆完成《暗夜行路》的寫作地。

以關懷下低階層人民生活為主題的《蟹工船》的作者小林多喜二來過這裡，小說家瀧井孝作、武者小路實篤、小林秀雄、尾崎一雄、龜井勝一郎也來過，甚至谷崎潤一郎也曾到訪過，這可是文人雅集的所在！

來自台灣的我，當然也要過來拜訪。唐詩云：「昔人已乘黃鶴去，此地空餘黃鶴樓。」我來探訪日本小說家空餘舊居的清靜書齋庭園。

文學地景：下の禰宜道，位於春日大社入口參道旁。

在奈良完成心的出走

《暗夜行路》的文學地景——志賀直哉舊居

　　據稱，這一棟和洋折衷建造的房子，是由志賀直哉親自設計，好友下島松之助施工建造，1929 年竣工落成。

　　如今看來的志賀直哉舊居，牆垣低矮、室外庭園緊鄰，不聞花香鳥語，對面春日山，群樹連天，可以得見不少白樺樹植於其間；標榜理想主義、個人主義、為人生而藝術的白樺派作家志賀直哉在這裡跟武者小路實篤、有島武郎等人創辦《白樺雜誌》，正是實現理想的幽玄境域。

志賀直哉舊居所

上：志賀直哉舊居大門
下：舊居庭園小徑

上：志賀直哉舊居樸素雅靜　　　中下：志賀直哉庭園
左下：志賀直哉舊居玄關　　　　右下：志賀直哉舊宅內部

志賀直哉舊宅大廳

　　他寫小說，在半自傳體的長篇著作《暗夜行路》一書中，讓故事場景從東京開始，繼之轉往京都，描述婚後的主角謙作遭受命運播弄，獨自前往鳥取的伯耆大山，斷絕所有人際，以為求得自適的生命姿態。小說結尾以謙作抱著病軀，逐漸溶入大自然中，獨自走向通往寬恕與永恆之路。故事很玄，卻唯美。

　　《暗夜行路》的後篇完成於生活在舊居期間。1929 年，四十六歲的志賀直哉移居奈良，在這棟自行設計的房子裡住了九年，舊居室內樸素雅靜，壁上懸掛著文人合照和小說手稿，其他幾無一物。茶几、坐椅、榻榻米，簡明中流露出文人性格，樸實的一面；這裡是起居室，那裡是用餐室，窗外則是主人閒坐沉思的碧綠庭院。

　　沉沉靜靜的雅室、綠意盎然的小庭園，我在志賀直哉舊居徘徊許久，想及他在《暗夜行路》所欲傳達的「心的出走」，是否就是不願被世俗束縛？他的唯美，落在哪裡？

　　不需解謎，更不是謎，拍過幾張照片後，我恍惚意識到日間行路比暗夜行路難得多，便悄悄走離這棟舊宅第，前進下一段行程。

文學地景：志賀直哉舊居，位於奈良市高畑大道町1237-2。

第 10 帖

花鳥諷詠的客觀素描

——關於高浜虛子及其文學作品景點

關於——高浜虛子

左頁
高浜虛子

右頁
高浜虛子

　　1874 年出生愛媛縣松山市湊町的高浜虛子，本名高浜清，明治和昭和時代著名的俳人、小說家。以提倡客觀素描、花鳥諷詠等理念著名，曾參與編輯《杜鵑雜誌》。

　　高浜清原本是舊松山藩士池內政忠的五男，九歲時成為祖母娘家高浜家的養子。1888 年進入縣立松山東高等學校就讀，求學期間，經過大他一歲的河東碧梧桐的介紹，追隨正岡子規學習俳句。1891 年正岡子規為他取了「虛子」這個稱號，從此以「高浜虛子」之名發表作品。

　　1893 年，高浜虛子和河東碧梧桐一起進入京都第三高等學校就讀，兩人的友誼關係相當密切，還為一起租賃居住的地方取名「虛桐庵」。1894 年由於該校幾經改制，兩人隨之轉學到第二高等學校就讀，不久後退學，前往東京都台東區根岸正岡子規的「子規庵」學習俳句寫作。

　　高浜虛子曾經就讀的松山高等學校，培育過不少名人，包括：北豫中學校長秋山好古、日俄戰爭連合艦隊首席參謀秋山真之、俳人高浜虛子、俳人正岡子規、諾貝爾文學

　　獎得主大江健三郎等都出身該校。文學家夏目漱石還曾在該校執教一年。

　　　　1897 年高浜虛子參加柳原極堂在松山的俳句雜誌《杜鵑》的編輯工作，之後，虛子把該誌移往東京，轉型為綜合俳句、和歌以及散文等的文藝雜誌；日本國民作家夏目漱石著名的長篇小說《吾輩は猫である》（我是貓）即發表在《杜鵑雜誌》。1902 年正岡子規去世後，高浜虛子停止創作俳句，埋頭寫作小說。

　　　　1910 年搬遷至神奈川縣鎌倉市居住，直至 1959 年以 85 歲高齡辭世；墓地在鎌倉市扇谷壽福寺，戒名虛子庵高吟椿壽居士。

　　　　1954 年，高浜虛子獲頒文化勳章，一生留下二十萬句以上的俳句。2000 年 4 月，兵庫縣蘆屋市為其設立「虛子紀念文學館」。作品包括：俳集《虛子句集》、《六百句》、《虛子俳話》、《句日記》等；小說集《雞頭》、《兩個柿子》、《俳諧師》、《虹》等。

關於——高浜虛子的《斑鳩物語》

〈斑鳩物語〉是高浜虛子於明治四十年（1907）發表在《杜鵑》雜誌的短篇小說，後來由養德社出版。這一篇小說刊載後，獲得當時還是學習院學生的小說家里見弴和志賀直哉相當高的評價。

小說以位於奈良縣斑鳩地區為舞台背景，少不了關於法隆寺和法起寺的描述。

故事從法隆寺夢殿前的「大黑屋」登場，「大黑屋」是一間旅館，同屬白樺派的里見弴和志賀直哉曾到訪住宿。主角包括以松竹梅為名的女中、旅館女主人和阿道、僧人；作者以「余」為旁觀者，在大黑屋住宿期間，見到旅館的臨時工阿道、法起寺僧人和旅館女主人之間曖昧的戀情；

故事簡單，卻充滿高浜虛子寫實的描述功力。小說有一段寫著：

……阿道走了之後，突然變得寂寞起來，承認昨天在奈良調查的報告書的殘餘。……

夢殿的鐘聲響了，看時鐘已經六點了。

洗澡水燒好了，不是阿道來告知，而是這家旅館的女主人阿紳。拿晚飯來的不是阿道，也是阿紳……，這些人之間究竟發生了怎樣的糾葛情愛？

因為〈斑鳩物語〉，阿道和「大黑屋」變得有名，被寫入書中的法隆寺夢殿、法起寺，更讓整部小說活靈活現起來。

因為被遺忘而寧靜的法起寺

《斑鳩物語》的文學地景——斑鳩法起寺

法起寺位於法隆寺北方，奈良縣斑鳩地區廣袤的鄉野之中，恬靜卻孤立，山號岡本山，屬於聖德宗派，別稱「岡本寺」、「池後尼寺」，舒明天皇十年（638），由聖德太子之子山背大兄王開基創建；據稱，法起寺是山背大兄王將聖德太子創建的岡本宮改建而成的寺院。

左頁
左：高浜虛子《斑鳩物語》
　　所述的法起寺
右：法起寺四周遍野波斯菊

右頁
上：法起寺
左下：法起寺山門
右下：遠眺法起寺

　　寺院內的三重塔、木造十一面觀音立像、銅造菩薩立像被列為國寶、重要文化財；其中，建於 706 年，高二十四公尺的三重塔，被認為是日本最古老的佛塔，也是僅次於藥師寺東塔的第二大三重塔。1993 年以「法隆寺地域的佛教建築物」之名，被登錄為日本第一件世界文化遺產。

　　與之法隆寺香火鼎盛相比擬，被孤立在一大遍田野之間的法起寺，顯得遺世清淨許多；前往法起寺的公車班次雖不多，可我喜歡這種被歷史洪流遺忘的寺院，曾經風光、歷經滄桑，所屬的宗派一再變化，本是隨著法隆寺相同的真言宗教派，明治年間成為興福寺法相宗的小本山，到了昭和年間，又隨著法隆寺的聖德宗，成為法隆寺的本山之一。

　　法起寺的國寶級文化財，除了三重塔、奉祀在講堂內的木造十一面觀音菩薩立像之外，銅造菩薩立像的本尊則存放在奈良博物館內公開展示。

文學地景：斑鳩法起寺，位於奈良縣生駒郡斑鳩町岡本1873。

明日香村石舞台的飛鳥之謎
——關於邦光史郎及其文學作品景點

關於——邦光史郎

1922 年出生於東京，本名叫田中美佐雄的邦光史郎，東京都港區高輪學園高等學校畢業。和原名叫五味欣一的歷史小說家五味康祐一起在京都創辦《文學地帶》雜誌。後又成為劇作家、詩人、歌人、俳人、作詞家、文藝評論家。1962 年以《社外極祕》榮獲直木獎候補人。創作過企業小說、推理小說、歷史推理小說、傳記小說等類型的作品。妻子田中阿裡子也是著名作家。

邦光史郎的著作有：《欲望の媒體》、《夜の旗》、《欲望の柩》、《飛鳥の謎》、《古代王朝の謎》、《義 の謎》、《藤原氏の謎》、《新釋日本史》等近百部作品。1996 年 8 月11 日去世。

左頁
上：邦光史郎
中：邦光史郎的作品《楠木正成》書影
下：邦光史郎的作品《坂本龍馬》書影

右頁
上：邦光史郎的作品《飛鳥の謎》書影
下：位於明日香村的飛鳥座神社

關於——邦光史郎的《飛鳥の謎》

　　被評論家認為是一本「日本史之旅」的《飛鳥の謎》，是邦光史郎眾多探討、研究和報導日本歷代王朝的史實報導文學作品之一。過去，邦光史郎曾用歷史之旅的方式，寫過不少有關日本史的歷史推理小說，甚至以歷史研究的角度分析日本古代王朝、人物的真偽和現象；如《飛鳥の謎》、《古代王朝の謎》、《義經の謎》、《藤原氏の謎》、《明治維新紀行》、《邪

馬台國の旅》、《地底の王國》、《藤ノ木古墳の謎》、《坂本龍馬の研究》、《太平記の謎》、《日本の神話》等。

在《飛鳥の謎》一書中，他從位於飛鳥時代的明日香村出土的高松塚古墳群和宮都遺跡，深入研析日本古代歷史，並自這座過去被認為是邊鄙的不毛之地，如今卻被史學家認定是「日本史の故郷」的飛鳥地區，展開田野調查；他踏勘土地、遺跡、寺院，並從飛鳥座神社、飛鳥寺大佛、橘寺，以及古墳出土的壁畫中，提出對於飛鳥時代的歷史之謎的探索。

這是一本日本史的報導文學，也是歷史推理小說作品，邦光史郎在這

左頁
左：明日香村的飛鳥寺

右頁
左上：明日香村遺跡陰陽石
右上：飛鳥寺大佛
左下：明日香村龜形石造物
中下：明日香村的田野
右下：飛鳥地區「光的迴廊」

本書中加入相當深厚的文學色彩，敘述神祕的飛鳥時代之種種歷史現象，
讀來充滿推理小說的況味。

　　從這本書的研究報告文字，讀者更能明白，飛鳥時代同時也是日本歷
史上重要的文化、社會和政治交流的發展階段，其起點為古墳時代末期，
從古代中國隋唐王朝傳入的佛教影響下，飛鳥時代的文化得以長足發展。
尤以佛教引入後，日本社會的組織結構受到重大影響和變革，進而成為改
變日本歷史的重要標誌。

從飛鳥車站出發

《飛鳥の謎》的文學地景——飛鳥

　　飛鳥位於奈良縣大和盆地南部，自五到六世紀開始便是大和民族主要生活的聚落，由於交通便利、土地肥沃，因而得到了有利的開發和發展。八世紀初期，飛鳥還被當朝天皇當做首都所在地。在一片恬靜、富庶的田園景象中，尚可窺見些許一千多年前，為什麼這裡會被選做國都所在地的緣由；尤其，考古學者陸續發掘出這個地方所留存的「古墳時代」和「飛鳥時代」，甚至「奈良時代」遺留下來的古墳和寺院古跡等眾多歷史遺物，並稱這裡是日本人的精神故鄉。

　　「飛鳥時代」是指 592 年到 710 年這段時期的日本歷史稱名，初期階段可能和前代的「古墳時代」相重合，歷史學者和藝術史專家依據遺址所在地，奈良城以南二十五公里處的「明日香村」來命名。學者進一步推定，

左頁
飛鳥車站

右頁
1：日劇《鹿男》男女
　主角在飛鳥車站
2：日劇《鹿男》男女
　主角在石舞台
3：明日香村的鄉野風
　光
4：明日香村川原寺跡

大和政體在飛鳥時代發生巨大變革，從政治事件而言，狹義的「飛鳥時代」可以指 593 年聖德太子攝政，推行改革，直到 694 年持統天皇從飛鳥淨御原宮遷都到藤原京為止的 102 年間，甚或 710 年元明天皇從藤原京遷都到平城京為止的 116 年之間。

　　若從藝術發展史來看，飛鳥時代還可以劃分為兩個時期：早期佛教文化傳入，並受到北魏和百濟（註 1）影響，直到大化革新為止的「飛鳥時代」；以及從大化革新之後的時期，受到更多隋朝和唐朝文化影響的「白鳳時代」。

　　從踏出飛鳥車站的那一刻開始，眼前所展現的沉靜山水景觀，便能令人強烈感受這座充滿歷史遺跡的古城，是值得「漫步紀行」；日劇《鹿男》的男女主角亦曾踏足過這塊土地，進行「三角緣神獸鏡」的調查行動。

註 1：百濟，古代朝鮮。

左上：高松塚古墓群出土的「青龍」繪圖
右上：高松塚古墓群出土的「白虎」繪圖
左下：高松塚古墓群出土的「朱雀」繪圖
右下：高松塚古墓群出土的「玄武」繪圖

　　從飛鳥車站出站後，可以在站前搭乘公共汽車前往明日香村的石舞台，走訪用長七點五公尺、寬三公尺、高七點七公尺、重約七十二噸的巨大石材建造的大型橫洞式石室，這座石室據稱是六世紀的統治者蘇我馬子之墓塚。環繞行駛整座明日香村的公共汽車，可載行遊客到達每一個古景點。另則，直徑十八公尺、高五公尺的高松塚古墳，規模雖然較小，但自1972年被發現繪有青龍、白虎、朱雀和玄武等四神、古代女子群像和色彩鮮豔的星座壁畫以來，一躍而成為奈良縣著名的觀光景點。

　　另外，在飛鳥寺、飛鳥座神社等寺院尚可看到飛鳥時代的遺跡。飛鳥寺於六世紀由蘇我馬子興建，是日本最早的正規寺院，從百濟招募能工巧匠設計建造。

　　被稱作日本古代史寶庫的飛鳥地區，到處都是歷史遺跡。春季時蓮花開放、秋天時彼岸花盛開，景色幽雅，詩意翩翩。

文學地景：飛鳥，位於奈良縣高市郡。

🦌 日本之心的故鄉

《飛鳥の謎》的文學地景──明日香村

　　「明日香村」是日本飛鳥時代遺跡最多的所在地。飛鳥時代的命名，是緣自於這些古跡在明日香村被發掘出土，所以相對於這個時代的命名，就以跟「飛鳥」同樣發音為 Asuka 的「明日香村」而命名。

　　充滿濃郁鄉間稻香草味的明日香村，位於奈良縣中部高市郡，該聚落內發現了大量飛鳥時代的宮殿與古墳遺跡。這個在古代屬於中央集權律令

明日香村的農田與彼岸花

國的誕生地，被考古學家發掘出許多歷史文物和遺址，因為是「日本國」
的起源地，所以被日本學者稱呼為「日本の心の故鄉」。

昭和三十一年（1956）七月三日，舊高市郡將阪合村、高市村、飛鳥
村三個村落合併成為「明日香村」；昭和四十四年（1969）制定保護古蹟
的村章；昭和四十七年（1972）3月21日發掘高松塚古墳與彩色壁畫。

這一座位於奈良縣近郊的古都，已然成為充滿鄉村氣息的聚落，其被
發掘的古蹟，並成為觀光場所者，包括：高松塚古墳、高松塚壁畫館、飛
鳥寺、石舞台古墳、キトラ古墳、鬼の和鬼の雪隱、橘寺、岡寺、飛鳥
座神社、飛鳥寺、見瀨丸山古墳、傳飛鳥板蓋宮跡、欽明天皇陵、酒船石、

左頁
上：明日香村田園風光

右頁
左上：明日香村飛鳥村一景
左中：明日香村傳承板蓋宮跡
左下：明日香村龜形石造物遺跡
右上：明日香村高松塚古墓壁畫「仕女圖」

左：明日香村古墓壁畫「朱雀」
右上：明日香村橘寺觀音堂
右下：明日香村橘寺二面寺遺跡

龜石、陰陽石、奈良縣立萬葉文化館、猿石、甘樫丘、國營飛鳥歷史公園、飛鳥光の迴廊等。

　　到明日香村賞古蹟旅行，竟有走進鄉野曠地的舒暢意味，走到石舞台看古墳疊石、到飛鳥寺參拜菩薩、到萬葉文化館看畫像，開心的反倒是搭乘公車，沿途所見鄉間的山光水色，恬適而怡然的景色，使人不忍離去。

文學地景：明日香村，位於奈良縣高市郡。
　　　　　從京都出發→大和西大寺→橿原神宮前→飛鳥車站約1小時10～20分鐘。
　　　　　從大阪天王寺出發→大阪阿部野橋→飛鳥車站約50～60分鐘。
　　　　　從近鐵奈良出發→大和西大寺→橿原神宮前→飛鳥車站約50～60分鐘。

彼岸花盛開於飛鳥的石舞台

《飛鳥の謎》的文學地景——石舞台古墳園區

石舞台位於飛鳥歷史公園，是日本最大的方形古墳，古墳居處公園中央地帶的小土丘；既非填土形成，也不是殘留下來的土堆，而是由三十塊造型不一的巨石，以規律的工學技術堆砌起來，岩石顯露出地表的景象，與覆蓋其上，平坦的天井石相互輝映，構成一幅奇異的岩石堆疊景觀，「石舞台古墳遺跡」因而得名。

空曠而寧謐深沉的草原，矗立一座象徵飛鳥時代遺留下來的石墳，高聳成遍佈史蹟的明日香村奇特的地標，但石頭仍為石頭，不過就是存在於

飛鳥歷史公園石舞台

左頁
上：日本最大的方形古
　　墳在石舞台
左下：石舞台階梯
中下：石舞台入口告示牌

右頁
遊客在天井石為蓋的古
石墳下參觀

地球幾千幾萬億年的自然產物；但特別有趣的是，古墳中最大的巨岩天井
石重達約七十七噸，構成古墳的三十塊岩石，總重量達約二千三百噸。充
分反應了古墳建造完成的七世紀上半葉，「飛鳥人」高超的土木和搬運技
術。

　　傳說，每到月圓夜的時刻，狐仙會幻化成美女在岩石上翩翩起舞。據
稱，這座古墳的墓主是七世紀初的掌權者蘇我馬子的墓地。

　　蘇我馬子約為 551 年到 626 年期間，飛鳥時代的政治家與權臣。

　　蘇我馬子為蘇我稻目之子，其女兒為聖德太子的妻子，他以外戚身
分掌權。蘇我馬子官仕敏達天皇、用明天皇、崇峻天皇與推古天皇四朝共
五十年，並在接受佛教的爭鬥中，於 587 年消滅長期的政敵物部氏的物部

左上：石舞台景觀
右上：石舞台的石棺
左下：遠眺石舞台
中下：飛鳥歷史公園石舞台前的花俏小店
右下：飛鳥地區盛開彼岸花

守屋；蘇我馬子時期可說是蘇我氏的全盛時期。592 年，蘇我馬子教唆東漢直駒殺害崇峻天皇，擁立外甥女推古天皇即位，並於596年興建飛鳥寺，負責編纂《天皇記》與《國記》兩部史書。史載中的蘇我馬子的統治手腕與作為，跟平安王朝的平清盛殊無二致呀！

　　初秋時節，飛鳥地區的坡地、草原、田埂間，到處綻開花語叫「再會」，示意亡者的黃泉之岸的彼岸花；屬於多年草本科植物的彼岸花，六片花瓣呈散形花序的放射狀，紅黃白不同顏色花種的彼岸花，得見於整個明日香村，蔚為已然消失成歷史煙塵的飛鳥時代的象徵。

文學地景：石舞台古墳園區，位於奈良縣高市郡明日香村島莊。

永遠理想的女性是母親
——關於谷崎潤一郎及其文學作品景點

關於——谷崎潤一郎

明治十九年（1886）出生東京日本橋的谷崎潤一郎，父親為一米商，幼年生活富裕，後來父親生意失敗，家道中落。1905 年，進入東京第一高等學校，1908 年入東京帝國大學國文系就讀，求學期間接觸希臘、印度和德國的唯心主義、悲觀主義哲學，形成虛無的享樂人生觀，大學讀到三年級時因拖欠學費遭退學，從而開始文學寫作生涯。

輟學後的谷崎潤一郎，與劇作家小山內薰、詩人島崎藤村發起創辦《新思潮》雜誌，並發表了唯美主義的短篇小說《刺青》和《麒麟》。《麒麟》描寫春秋時代孔子遊說衛靈公遭奚落的故事；《刺青》則描寫一位以刺青為業的青年畫工，用誘騙手段迫使原本善良的女孩變成「魔女」的故事。這兩篇小說構思新穎、文筆流暢，受到日本唯美主義始祖，號「斷腸亭主人」永井荷風的青睞，他發表專論讚賞谷崎的小說為日本文壇開拓新領域，且給予高度評價，谷崎從此登上日本文壇。

左頁
上：谷崎潤一郎與夫人合影
中：替法隆寺金堂壁畫模寫的畫家安田靫彥為谷崎潤一郎畫像
下：安田靫彥筆下的谷崎潤一郎

右頁：谷崎潤一郎位於神戶東灘區倚松庵的宅邸

　　1923 年關東大地震後，谷崎舉家遷到京都定居。京阪一帶的自然景色、純樸人情、濃郁的古文化氛圍，激發他的創作熱情。因此，關西的風土人情成為他後半生寫作的背景舞台。

　　從 1934 年到 1941 年之間，他花費八年時間從事《源氏物語》的今譯工作，口語譯本文筆明麗酣暢。

　　1948 年，谷崎潤一郎在神戶東灘區倚松庵宅邸寫下個人的代表作品《細雪》；隔年，榮膺日本文化勳章，時年六十三歲。

　　1952 年，谷崎潤一郎高血壓嚴重，搬遷到熱海靜養。1958 年，有中風現象，右手麻痺，此後數年的作品都以口述方式寫作；1960 年代，他由美國作家賽珍珠推薦，提名諾貝爾文學獎，是日本早期少數幾位獲得此項殊榮的作家之一。1965 年因腎臟病去世，葬於京都法然院墓園，墓地僅立

兩塊石碑，分別刻上「空」、「寂」陰字，一為谷崎與夫人松子，另一為松子之妹夫婦，均為谷崎手書字跡。

　　谷崎潤一郎的生與死，都奉獻給藝術，究其一生，為藝術而生，為藝術而死。他曾說：「藝術家無論怎樣怯懦，也要安於自己的天分，精益求精地研習藝術。這時，就會產生為藝術而不惜捨生的勇氣，不覺間對死就有了確切的覺悟。這才是藝術家的勇氣！」代表作小說《春琴抄》、《細雪》，被日本文學界推崇為經典的唯美派作品。

　　谷崎潤一郎早期的作品從嗜虐與受虐中體味痛切的快感，在肉體的殘忍中展現女性之美，故又有「惡魔主義者」之稱。中後期作品回歸日本古典與東方傳統，幽微而私密地描述中產階級男女之間的性心理與性生活。一生著作豐富，包括：《刺青》、《麒麟》、《惡魔》、《鬼面》、《春琴抄》、《吉野葛》、《卍》、《武州公秘錄》、《細雪》、《少將滋幹之母》、《陰翳禮讚》、《源氏物語》口語譯本等。

倚松庵宅邸前的谷崎潤一郎介紹石碑

倚松庵宅邸外貌

關於──谷崎潤一郎的《吉野葛》

　　一生都愛著女人的谷崎潤一郎,與妻子千代子還有婚姻關係期間,不僅跟聖子偷情,還暗戀著女僕絹枝,一度打算離婚後娶她。就在 1931 年再婚前,也即明治末年、大正初期,他來到奈良吉野山,住進吉野的「櫻花壇旅館」,執筆寫下《吉野葛》,谷崎所住的房間,目前還被店家完好無缺的保留。

右上:吉野山的吉野葛產品
左下:谷崎潤一郎的作品《吉野
　　　葛》書影
右下:吉野山矗立著吉野葛製作
　　　過程的說明牌

左：谷崎潤一郎到吉野山住宿過的櫻花壇旅館
中：吉野川畔的「昆布家」
右：位於吉野山舊國栖小學入口坂道上的谷崎潤一郎記念碑

　　從吉野回來不久，他即再婚，女方卻是小他二十一歲的古川丁未子，
兩人結識之初，谷崎還曾介紹她當了記者。婚後不久便在〈中央公論〉發
表和出版了《吉野葛》。

　　谷崎潤一郎到吉野時，到訪就讀東京第一高等學校時代的友人津村位
於吉野川畔的「昆布家」，津村因家裡發生變故中途退學，後來返回故鄉
吉野的國栖。

　　據稱，仍是以女人為主題的《吉野葛》，即是在訪問吉野山的紀行中，
透過友人津村形容自幼即過世的母親的面貌、思念、遺留下來的信件，和
其家族的故事，以及引藉南北朝合體後，尊義親王、尊秀親王、忠義親王
潛行到吉野的三之公川源流的歷史事蹟，拿來做為文學創作的元素。

　　以「女性崇拜、女性美」著稱的谷崎潤一郎，利用盛產葛葉的吉野山
「吉野葛」為精神依歸，寫成母與子的情愛之美的小說作品，這種虛與實
的巧妙構成，連他自己都感到吃驚。可以這樣說，谷崎潤一郎把他個人心
目中「永遠理想的女性是母親」的思慕之情，全都寫進書中。

　　後人為了紀念谷崎潤一郎寫作《吉野葛》，就在吉野川畔吉野町國栖窪
垣，已經廢校的國栖小學入口的坂道上，立了一座「谷崎潤一郎記念碑」。

奈良賞櫻名所吉野山與吉野葛

《吉野葛》的文學地景——吉野山

　　吉野山位於奈良縣中部，是紀伊山地中北部、吉野川南岸到大峰山脈北端的山稜之總稱，屬於吉野熊野國立公園範圍。地域分成下千本、中千本、上千本、奧千本。大正十三年（1924）被指定為國家名勝史蹟，昭和十一年（1936），被指定為國家公園。

吉野車站出口處

左頁
左：吉野車站候車室
右：吉野山石碑

右頁
吉野山步道

　　吉野山是修驗道的修行地，修驗道是佛教的派別之名，山嶽信仰的一種形態，開山鼻祖中有個名叫「役」的修行者，八世紀奈良時代即在這裡創設金峰山寺藏王堂，成為吉野山的信仰中心，並以櫻花樹為吉野山的神木，信眾從此不斷到這裡捐獻櫻樹，遂而形成了「一目千本」的名勝。

　　吉野山總計植有三萬多株白山櫻，從山中的吉水神社看山賞景，被譽為最佳的賞櫻勝地，吉野山因而聞名遠近。平成二年（1990），被選定為日本賞櫻名所 100 選。

　　金峰山寺的正殿藏王堂，被指定為國寶，建築規模宏大，僅次於奈良東大寺大佛殿。另外，十九世紀末建造的吉野神宮以及曾做為金峰山寺禪房的吉水神社和如意輪寺、金峰神社等，都是吉野山名勝。流經山麓的吉野川，河兩岸佈滿巨岩、怪岩的奇特風景，以及七世紀古建築的宮瀧遺址，都成為遊客喜愛到訪的所在。

　　吉野山盛產吉野葛，葛粉是從藤本植物葛根中提煉出來的一種純天然營養品，具有清熱解毒、生津止渴、補腎健脾、益胃安神、清心明目、潤腸道便及醒酒等功能。葛根全身都是寶，藥用和食用價值都很高，素有「亞洲人參」美譽；食用可做桂花葛粉羹、葛根粉粥、葛粉飯、葛根湯等，日

ケーブルのりば

左上：吉野山地形圖告示
　　　牌
右上：吉野葛與用吉野葛
　　　製作的和菓子
左下：站前商店販售的吉
　　　野葛與用吉野葛製
　　　作的和菓子

　　本人常拿葛粉做和菓子。吉野葛為吉野山的特產，站前販賣店和各景點賣
店都售有製成和菓子的吉野葛。

　　　我從京都旅宿地轉搭火車來到吉野山，方才走出車站，即被眼前開闊
的夏日山景迷惑住，群山翠綠，視野開闊，靜寂無聲的空氣中，只聽得輕
風吹送樹葉搖動的飄瀟聲，還有不知從那個方向傳來的鳥鳴，是鸝鳥？是
杜鵑？都不是吧！我千里迢迢到吉野山來，只為尋找谷崎潤一郎多年前行
走過的文學足跡，滲一點山風的清涼，鳥鳴？就隨牠輕啼不嘈。

文學地景：吉野山，位於奈良縣吉野郡吉野町吉野川南岸，從奈良車
　　　　　　　站搭乘近鐵吉野線到吉野車站。

吉野山一目千本花見宴
——關於司馬遼太郎及其文學作品景點

關於──司馬遼太郎

　　1923 年出生大阪浪速區西神田的司馬遼太郎，本名福田定一，小學就讀大阪市立難波塩草尋常小學校，1941 年畢業於大阪外國語學校蒙古語科。戰爭期間進入兵庫縣戰車連隊，後又被分配到滿洲戰車第一連隊。二次世界大戰結束，先後擔任新日本新聞社、產業經濟新聞社記者。1960 年出版小說《梟之城》，並榮獲第四十二屆直木賞，不久退出產經新聞社，專心從事歷史小說寫作。

　　筆名「司馬遼太郎」取自「遠不及司馬遷」之意。其歷史小說著作等身，被公認為日本大眾文學巨擘，也是日本最受歡迎的國民作家，更是中流砥柱的人物。

　　司馬遼太郎主要的文學作品，側重描寫德川幕末江戶時期的歷史，透過他筆下所描述的人物如坂本龍馬等，如今成為時代劇被反覆傳誦的典型。1966 年小說，《龍馬がゆく》、《盜國り物語》榮膺第十四屆菊池寬獎。1933 年獲日本文化勳章。1996 年因腹部大動脈瘤破裂，病逝國立大阪病

院，享年七十二歲，墓所位於京都市東山區。

　　司馬遼太郎筆下的人物，一方面承傳根深蒂固的武士道傳統，另一面又對未來抱持光明的嚮往。這種矛盾性格呼應日本人面對現代化與傳統交錯的心情，也是使他的小說歷久不衰的主因。司馬遼太郎的著作等身，《梟之城》、《風之武士》、《戰雲之夢》、《風神之門》、《龍馬》、《新撰組血風錄》、《功名十字路口》、《盜國り物語》、《北斗的人》、《關原》、《第十一個志士》、《最後的將軍》、《新史太閣記》、《義經》、《宮本武藏》、《坂上之雲》、《大盜禪師》、《空海的風景》、《項羽和劉邦》、《油菜花的海岸》、《韃靼疾風錄》等數十鉅著。

　　他眾多的文學著作中，《台灣紀行──街道漫步》一書的出版格外令人矚目。司馬生前到訪台灣三次，第一次與陳舜臣夫婦，以及「朝日週刊」的村井重俊、櫻井孝子同行。第二次與田中準造夫婦，以及村井重俊、畫家安野光雅同行。1993 年 4 月第三次來台，司馬夫人隨行，幕僚陪同，採訪時間長達三十一天。

　　這本日文名《台灣紀行行於街道40》，由朝日新聞社於 1997 年出版的書冊，在台灣，則由台灣東販於 1995 年出版，李金松譯，鍾肇政審訂。

左頁
左：司馬遼太郎
右：司馬遼太郎的作品《義經》書影

右頁
左：司馬遼太郎的作品《坂上之雲》書影
右：以司馬遼太郎為封面的雜誌

筆觸帶著濃濃的鄉情與感傷，全書描寫他來台訪問的所見所聞，慨然說道：「四十八年了，在那之前，我們是和台灣的人民同屬一個國家的。1945 年由於日本戰敗，這個島因而被中華民國以軍事占領。」

其主要內容包括：流民與榮光、葉盛吉傳、長老、高低不平的騎樓、歷史的回聲、兩艘船、李登輝先生、續・李登輝先生、南方的俳句詩人們、老台北、馬的寓言、兒玉・後藤・新渡戶、吃潛水艇的故事、客家人、招牌、魂魄、沈乃霖醫師、伊澤修二的傳人、海之城、海獠的好漢、八田與一的遺愛、珊瑚潭畔、鬼、山川草木、嘉義所思所想、日本輪來相迎、浦島太郎族、大恐慌與動亂、寓意的文化、山地人的怒吼、大野先生、千金小姐、花蓮的小石子、太魯閣的雨、對談・生在台灣的悲哀—李登輝・司馬遼太郎、後記・散步於歷史和現實之間—李永熾。

讀《台灣紀行—街道漫步》，強烈感受到生為台灣人無助的悲哀，司馬遼太郎以新聞之眼、文學之筆，看台灣、寫台灣，尤其審訂者鍾肇政先生在序言中所述，更是令人感觸深刻，他說：「當然而然，這個島的主人，非以此島為生死之地的、無其數的百姓們莫屬。」

左頁
以司馬遼太郎為封面的雜誌

右頁
左：源義經畫像（豐原國周繪）
右上：源義經在吉野山和僧人雪中合戰
右下：源義經和弁慶在吉野山的繪圖

關於——司馬遼太郎的《義經》

　　生於平治元年（1159）的源義經，為日本平安時代末期，出身河內源氏的武士，家系乃清和源氏其中一支，河內源氏的棟樑源賴信的後代，源義朝的第九子，幼名牛若丸。

　　父親源義朝在平治之亂中遭平清盛擊敗，七歲的源義經被送往京都鞍馬寺修行。及長，投奔奧州，受到奧州藤原氏當主藤原秀衡庇護。後來，源義經投入兄長源賴朝的軍營，一起舉兵討伐平家，在著名的戰役源平合戰中戰功彪炳，威名顯赫。卻因功高震主為源賴朝所猜忌，最終兄弟反目成仇；源賴朝得到後白河法皇的院宣後，發布通緝命令追捕義經，義經在走投無路之下再度投靠藤原秀衡，最後在高館自盡。

　　悲劇英雄源義經為日本人所愛戴，由於其生涯極富傳奇色彩，在許多小說、戲劇中都有關於他的描述，諸多神社更奉祀源義經。司馬遼太郎的《義經》，即是以源義經為主角所寫作出版的歷史小說，其主要情節來源，部分取材自鐮倉初期盛行的古典戰記文學《平家物語》，部分為民間流傳的掌故，再以司馬遼太郎的歷史觀點敘述而成。書中跟奈良吉野山相關的事件，如是說道：

　　6月9日，源賴朝命令源義經再押解平宗盛父子及一の谷之戰時俘虜的平重衡回京都，不得其門而入的源義經悔恨交加，怒言「關東積怨之輩可從義經！」源賴朝聞之勃然，將源義經的關東領地悉數沒收。源義經在黯然返回京都途中，將平宗盛父子於近江篠原宿處斬。平重衡則因曾率大軍鎮壓寺院反平勢力並焚燬東大寺及興福寺等罪狀，在寺院勢力的引渡要求下，源義經將其交付，最後在奈良被梟首示眾。

　　9月，源賴朝為刺探源義經動向及意志，遣梶原景時之子梶原景季前往京都堀川御所，封源義經為伊予守，並要求其發兵征討曾追隨木曾義仲的叔父源行家。源義經由於抑鬱致疾，身心俱疲，再加上源行家同為源氏，

左頁：源義經的愛妾靜御前在吉野山勝手神社跳舞（月岡芳年繪）
右頁：源義經和愛妾靜御前在吉野山別離圖（月岡芳年繪）

又是叔父長輩，不忍相害，遂拒絕了源賴朝的要求。至此，源賴朝決意拔除猶如芒刺在背的源義經。

10月，源賴朝密令土佐坊昌俊入京謀事。10月17日夜，土佐坊昌俊率領60餘騎突襲堀川御所。源義經提刀應戰，之後，叔父源行家亦率眾支援，土佐坊昌俊不敵，敗逃鞍馬山後受縛。土佐坊昌俊坦承一切皆為源賴朝授意，讓源義經非常寒心。源義經與叔父源行家商討後決意起事，並向後白河法皇稟告，得到了追討源賴朝的院宣，但10月24日在先父源義朝的供養法會上卻未能得到家臣廣泛的支持。然而事已至此，勢在必行，10月26日將土佐坊昌俊斬於六条河原，與源賴朝正式決裂。源義經等心知京都不是謀事之地，無力迎戰，決定離京西行，投靠九州的菊池氏，在西國發展勢力。11月3日源義經等率500人左右由攝津大物浦走海路，突遇暴風來襲，此番不得突破，又退回了攝津。

約莫同時，北条時政奉源賴朝命領千騎先行，隨後源賴朝亦率大軍上洛。法皇聽聞源賴朝進京，態度驟變，11月11日便應源賴朝的要求下達討伐源義經、源行家的院宣。討得院宣的源賴朝飛檄諸國設置守護、地頭，

全力緝拿。源義經知道源賴朝已布下天羅地網，決定化整為零，只帶家屬、親信逃往吉野山。

前往吉野山的山路上，妾室靜御前由於身懷六甲，體力不堪負荷，源義經念源賴朝不致對婦人孺子下毒手，決定讓靜御前下山躲藏。臨別之時，源義經送給靜御前一面小鏡，謂：「願卿早晚梳洗之際睹物相思。」遂遣僕役數人護送下山。然而下山途中，僕役心生歹念，強奪財寶之後即各自散逃。進退無路的靜御前在此時為追兵所逮，送往鎌倉。

由於靜御前在山中被捕，吉野山的僧兵們知道源義經一行人必藏匿山中。僧兵們唯恐得罪源賴朝，招致大軍前來征討，決議上山捉拿源義經。僧兵們擊鼓為號，開始糾集。弁慶聽到鼓聲有異，下山窺探，果見僧兵披甲帶刀，急忙回報。源義經認為僧兵熟諳山勢，戰不可勝，便準備轉移陣地，逃往別處。此時源義經四天王之一的佐藤忠信心知戰不能勝，逃亦難免，決定捨身殿後，保主脫險。源義經知道佐藤忠信心意已決，想起了在屋島の戰為己犧牲的佐藤繼信，有感今日一別即為死別，無言悽然訣離。佐藤忠信帶著幾個自奧州出征以來僅存的忠勇部將，伏擊追擊而來的僧兵。佐藤忠信與僧兵大將橫川覺範展開死鬥，最後斬覺範，梟其首，僧兵見狀驚恐，鳴金自退，然而佐藤忠信的部將已盡皆陣亡。佐藤忠信後來獨自潛回京都堀川御所，被北条時政守軍發現，激戰之後壯烈自刃身亡。

逃離吉野山後，源義經一行在奈良和京都的山野間四處躲藏。源義經明白如此下去不是長久之計，亦無再起之日，於是決定投奔當年鼎力相助，猶如再生父親的奧州鎮守府將軍藤原秀衡。1187 年 2 月，源義經帶著正室鄉御前及家臣喬裝成勸募重建奈良東大寺的苦行僧，踏上千里迢迢的旅程，後來又從奈良折回京都，遠去北國，最後逃到奧州。

右上：世界文化遺產吉野山
右下：吉野山西行庵

義經潛居之屋

《義經》的文學地景——吉水神社

建造於一千三百年前白鳳年間，原屬「金峰山寺」僧坊的「吉水神社」，本為吉野宗的修驗道靈場；然而，在明治維新時期，因神佛分離的政策而被獨自劃出為神社，主祭後醍醐天皇、楠木正成、吉水院宗信法印。社格為村社。以「紀伊山地靈場和參詣道」之一部分，被登錄為世界文化遺產。

「吉水神社」在 1336 年時成為南北朝時代後醍醐天皇的南朝行宮,而有「吉野王朝皇居」之稱;另外,「吉水神社」藏有多種國寶與美術文化財,更因歷史名人曾經到訪的種種佚事而留名青史。

除了幕府時代的大將豐臣秀吉曾在此地舉行「花見宴」聞名之外,更讓人津津樂道的是,平安王朝末期、鎌倉幕府初期,源賴朝之弟源義經功高震主,被迫逃難到吉野山,因追兵不斷,不得不逃往森林隱蔽處,礙於女子不得入山的「修驗道」規定,以及靜御前當時身懷六甲,體力不堪負荷,義經只得無奈地和愛妾靜御前在「吉水神社」分離,這一分別,竟成

左頁
上：吉野山藏王堂
下：吉野熊野國立公園

右頁
左上：吉野山吉水神社本殿
右上：吉野山如意輪寺
左下：吉水神社的「花見の本陣」屏風繪圖

永訣的歷史事件，被流傳為淒美故事。

　　至今，吉水神社仍保有不少源義經和靜御前在吉野山生活所留下的文物，神社主事甚至完好的保存了「義經潛居の屋」與「弁慶思案の屋」。此外，日本國寶級文物，如一休大師、水戶黃門、豐臣秀吉等人的墨寶或相關文物，都被完整地保藏，具有日本古美術文化的歷史價值。

　　唷，見到源義經的身影了，他是我喜歡的悲劇英雄，一個懂得進退、明辨是非，卻被命運掌控，無法遂願完成志業的一代豪傑。

文學地景：吉水神社，位於奈良縣吉野郡吉野山。

吉水神社一目千本花見宴

《義經》的文學地景——源義經在吉野山

　　被列入世界文化遺產的吉野山吉水神社，是欣賞三萬多株櫻花的絕佳地點，這裡有「一目千本」之盛名；據說，在吉水神社看一眼漫山遍野盛開的櫻花，可以讓人年輕十歲；這些櫻花據稱始自平安時代所植，大都為白山櫻。

　　這裡同時也是日本歷史上諸多名人登場的地方；或驚心動魄的追殺行動，或纏綿悱惻的情愛故事，如：延元元年（1336）後醍醐天皇潛居到吉

左頁
吉水神社的後醍醐
天皇玉座

右頁
左上：吉野山吉水
　　　神社源義經
　　　潛居の間
中：吉水神社弁慶
　　思案の間
右上：源義經使用
　　　過的鎧甲
下：吉水神社旁的
　　「義經隱塔」

左上：吉水神社展示靜御前的服裝
右上：從吉野山吉水神社觀櫻
左下：吉水神社觀櫻叫「一目千本」

野山，並在吉水院的宗信掩護下，將吉水院定為南朝行宮。再如：文祿三年（1594）豐臣秀吉在這裡舉行盛大的花見宴（賞櫻宴），一連好幾天賞櫻、唱歌、茶會，揮霍無度地表現了當時的權勢，這些事件對吉水神社具有重大的歷史意義。

　　其中，以文治元年（1185）源義經被兄長源賴朝追殺逃亡，和愛人靜御前、愛將武藏坊弁慶一起潛避到吉野山最為後人所熟知。

　　和歌集《百人一首》、《古今和歌集》都有收錄關於歌詠吉野山櫻景色的作品。

文學地景：吉野山，位於奈良縣吉野郡吉野町吉野川南岸。

第 14 帖

雨滴化成花蕾的淚水

——關於《萬葉集》及其文學作品景點

關於──《萬葉集》編纂者大伴家持

　　生於西元 718 年的大伴家持，為奈良時代的政治家及歌人，出身貴族家庭，歷任少納言、越中守、兵部少輔、因幡守、衛門督、春宮大夫、中納言、持節征東將軍等官職。浮沉官場多年，成就不大，卻在文壇享有盛名，留下長歌、短歌、旋頭歌、漢詩等多達四百餘首，曾參與編撰《萬葉集》，在日本文學史占有一席之地。

　　桓武天皇延曆四年（785），大伴家持因病去世，時年約 68 歲，因遭受涉嫌參與謀殺藤原繼種的政爭牽扯，就連兒子大伴永主等家人也難逃災禍，被判處流刑，直到平城天皇大同元年（806），罪名始獲平反，恢復名譽。

　　大伴家持一生留下的作品繁多，《萬葉集》四千五百多首長短歌的書裡，即收錄有他的長歌 46 首、短歌 432 首、旋頭歌 1 首、漢詩 1 首。最早的歌〈初月歌〉寫於聖武天皇天平五年（733），主要歌作有：〈喻族歌〉、

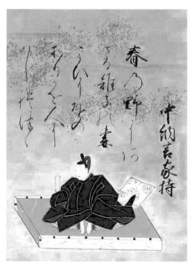

〈賀陸奧國出金詔書歌〉、〈雲歌〉、〈大白鷹歌〉、〈為防人情陳思作歌〉、〈二十三日依興作歌〉、〈二十五日詠鶬鶊歌〉等。天平寶字三年（759）之後，即無作品出現。

中國學者謝六逸認為大伴家持與《萬葉集》之間的關係密切，說道：「釋契沖著《萬葉集代匠記》，謂此集成於大伴家持之手，此說已為學者所公認。家持自幼時起，曾把見聞的歌記了下來，迄天平寶字三年（759年），依時代次序排列。自此以後，便未依順序。」

大伴家持之後，《萬葉集》則由其他人陸續做過補充；他的和歌，在藝術上是成熟的，值得效法；他參與《萬葉集》的編纂，尤其收錄了為數不少的民謠，為日本文學史留下燦爛的一頁。

左頁
左：《萬葉集》編者大伴家
　　持繪像
右：大伴家持繪像

右頁
上：《大伴家持大事典》書
　　影
下：高岡車站前的大伴家持
　　雕像

235

關於——大伴家持編纂的《萬葉集》

　　《萬葉集》是現存最早的日本詩歌總集，收錄了四世紀到八世紀日本宮廷關係之歌、旅詠、戀詠、風物之歌，甚至謳歌大自然的作品，總計二十卷，四千五百多首長歌、短歌、旋頭歌之作，按內容分為雜歌、相聞歌、輓歌、寄物陳思、正述心緒、詠物歌、譬喻歌等。歌人上至天皇貴族官僚，下至百姓，涵蓋年代長達四百五十年之久，範圍地域極廣。依歌風變遷，大致分為四期：

　　第一期：舒明天皇壬申之亂期間。

　　第二期：遷都之後，天武、持統天皇的二十年間，文學意識高漲，宮廷歌人活躍。

　　第三期：聖武天皇天平年間中期，歌詠私人情感，優秀抒情歌個性化的作者上場。

《萬葉集》作者之一柿本人麻呂繪像（京都國立博物館藏）

直木孝次郎

古代を語る 12

万葉集と歌人たち

吉川弘文館

《萬葉集》書影

第四期：奈良時代中期，相互贈答的的相聞歌（戀歌）最多，盛行以短歌型態歌詠日常生活。歌風優美、理智、技巧性，趨近平安時期的古今歌風。萬葉的濫熟頹廢期。代表人物大伴家持優美感傷佳作多，晚年更加細膩。

全書採用漢字書寫，部分用來表意，部分用來表音，有時既表意也表音；儘管在《萬葉集》之前，已有日本作品用漢字來表音，如《古事記》等，但《萬葉集》的使用情況更為複雜，甚至超出實際用途。

《萬葉集》收錄的歌謠作品有：額田王、舒明天皇、天智天皇、有間皇子、鏡王女、天武天皇、持統天皇、大津皇子、大伯皇女、志貴皇子、柿本人麻呂、高市黑人、山部赤人、山上憶良、大伴旅人、大伴家持等著名歌人之作。編纂此書的主要人物為大伴家持。據《大日本史》大伴家持傳云：「家持善和歌，撰萬葉集二十卷。上自雄略，下迄廢帝朝，所收凡四千餘

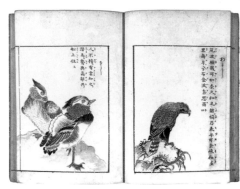

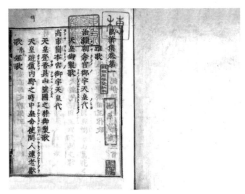

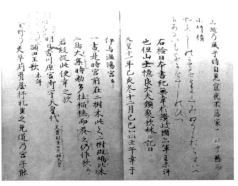

上：《萬葉集》品物圖繪
中：《萬葉集》書影（日本國立國會圖書館藏）
下：《萬葉集》元曆校本

左頁
上：《萬葉集》歌詠花鳥自然
下：《萬葉集》歌詠花鳥月日

右頁
《萬葉集》所吟天香具山

首，蒐羅該博，足以觀民風。先是篇詠未有成書，後世言和歌者，取為模範焉。萬葉集撰人，諸說紛紜，無所適從。今考本集，且據拾芥抄所載藤原定家說，定為家持所傳。」

　　「萬葉集」之名的由來與意義，有兩種說法；一，「葉」為「世」之意，以「萬葉」指「萬世」，有收集萬代之歌之意。第二種說法，「葉」取「言葉」之意。萬葉集，為許多語句，即指把許多和歌編撰而成的集子。《古今集》序云：「和歌乃人心中萬種言葉（言語）」之句。」亦指如內心深處的行文一般之解。中國古書《淮南子》有云：「千枝萬葉」，以「萬葉」謂木葉之繁，其例常見。《萬葉集》編纂之前已有《類聚歌林》存世，命名者或有「歌林萬葉」之喻，萬葉即為歌林之萬葉，意即許多歌也。欲

集歌林之萬葉，故曰「萬葉集」。

　　《萬葉集》一書二十卷的內容，主要為：卷一：雜歌。卷二：相聞歌、輓歌。卷三：雜歌、譬喻歌、輓歌。卷四：相聞歌。卷五：雜歌。卷六：雜歌。卷七：雜歌、譬喻歌、輓歌。卷八：春雜歌、夏相聞、秋相聞、冬雜歌。卷九：雜歌、相聞歌、輓歌。卷十：春雜歌、秋相聞、冬雜歌。卷十一：古今相聞往來歌類之上。卷十二：古今相聞往來歌類之下。卷十三：雜歌、相聞歌、問答、譬喻、輓歌。卷十四：東歌。卷十五：遣新羅使歌、中臣宅守與狹野弟上娘子贈答歌。卷十六：有由緣歌、雜歌。卷十七：雜歌、大伴家持作歌。卷十八：雜歌、大伴家持作歌。卷十九：孝謙朝作雜歌、大伴家持作歌。卷二十：防人歌、大伴家持錄歌。

欲集歌林之萬葉的文學重鎮

《萬葉集》的文學地景──萬葉文化館

　　建於 2001 年的「奈良縣立萬葉文化館」，是以日本最早和最古老的詩歌總集《萬葉集》與古代文物為主題的展覽館；基於《萬葉集》的內容係採集自四到八世紀，不同階層人物所寫日常生活的詩歌，因為得力於文字的紀錄與保存，方能保留住先民們的生活樣貌、感受與心情。

　　文化館除了以現代工藝技術，復原古墳時代、飛鳥時代和奈良時代的村落景象，還重現了古代市集廣場、展示以《萬葉集》為主題的日本繪畫、以影像介紹萬葉歌人的劇場、可自由搜尋「萬葉百科系統」的資訊，以及藏書一萬冊以上的傲人圖書室等。

奈良縣萬葉文化館

館內服務，更以淺顯易懂的方式，介紹《萬葉集》一書所呈現的古代人生活的面貌，以及和歌文學優美的創作精神。

緣由於建造文化館過程，意外發掘出飛鳥時代的大型工坊遺跡，以及如木簡、金、銀、銅、鐵、漆器等重要文物，因此展覽室中所展出的「富本錢」錢幣，被判定為日本最早的錢幣，對於研究日本貨幣發展大有助益。

右上：萬葉文化館
右中：萬葉文化館庭園
右下：萬葉文化館庭園一景

左頁：
左上：萬葉文化館展廳
右上：萬葉文化館展出
　　　飛鳥時代地藏王
　　　菩薩立像
左／右下：萬葉文化館飛
　　　　　鳥時代繪展

右頁
左：奈良鏡神社
右：鏡神社主祭天照皇
　　大神和藤原廣嗣

　　「萬葉文化館」所彰顯的，建造博物館所需含蘊的高科學技能和特色，已然使這個具規模的展覽館，成為萬葉文化資訊的重鎮。

　　我到萬葉文化館，我在展覽館裡宛如跟歷史交會一般，感到奇異的神祕氣息不斷直襲過來，那是歷史，是古代人類不可思議的創作才華；雨滴化成花蕾的淚水，我在其中讀到《萬葉集》的意境之美。

文學地景：萬葉文化館，位於奈良縣高市郡明日香村飛鳥10。在近鐵
　　　　　「橿原神宮前」站東口搭赤龜（明日香周遊巴士）在「萬
　　　　　葉文化館西口」下車即達。

我把心意寄託在這枝櫻花上

《萬葉集》的文學地景——鏡神社

　　位於奈良市寫真美術館東側，緊鄰新藥師寺的鏡神社，主祭神為天照皇大神、藤原廣嗣、地主神。奈良時代，這裡是遣唐使出發前祈護平安必到的主要寺院，平城天皇御宇大同元年，新藥師寺已成為鎮守京城的寺院被奉祀。

　　桓武天皇御宇延曆二十三年，弘法大師入唐返回日本後，因感念松浦明神的保佑，才能風平浪靜歸來，因此，大師就在大同元年時，於興福寺奉齋松浦明神為鏡大明神。

　　《萬葉集》中收錄有不少關於神宮、神社聖女與王子或貴族公子偷情的情歌。卷八，第一四五六首，相聞歌，為藤原廣嗣所作；原題「花を娘子に贈りて」（贈給少女的櫻花），原文「この花の　一節のうちに　百種の　言ぞ隱れる　おほろかにすな」；通釋「この花の一枝のうちに沢山の言葉が籠っている。おろそかにしてはなりません」；若用白話來說則是：「我把心意寄託在這枝櫻花上，請妳不可疏忽。」

　　這首由年輕的藤原廣嗣寫的詩歌，用一枝櫻花贈予對方，代表滿懷思念；這是多情的藤原廣嗣表現在《萬葉集》中，純清真率的優秀作品。

　　史載，藤原廣嗣，式部卿宇合長子，資貌魁偉，頭上肉角數寸。博覽典籍，兼通佛教。武藝絕倫，練習兵法。其餘天文、陰陽、管絃歌舞之類，靡弗精究。天平年間官居太宰少貳。

　　歷史上，跟藤原廣嗣關係最密切的就屬「藤原廣嗣之亂」，「藤原廣嗣之亂」是日本奈良時代中期上層貴族之間爭奪權勢的最大戰亂。天平九年（737）夏，把持朝政的藤原氏四卿染時疫身亡。聖武天皇重用皇族橘諸兄與流唐歸朝的玄昉、吉備真備等。740 年 8 月，任大宰少貳的藤原廣嗣為恢復藤原氏勢力，上書彈劾，論難時政，要求罷黜玄昉和吉備真備。

此花乃一枝能肉不
百種巧言亂有
使保呂而永為蕃

左頁
左上：鏡神社本殿
左下：鏡神社鳥居
右：鏡神社一景

右頁
左上：鏡神社花景
右：出自《前賢故實》傳記書中的藤原廣
　　嗣畫像

　　9月，廣嗣在九州以清君側為名舉兵叛亂，不滿朝廷的豪族及農民捲入叛亂。朝廷任大野東人為大將軍，發五道軍卒征討。經過兩個月，叛亂平息，廣嗣被處死，大宰府一度被廢止。亂後，橘諸兄統治集團的地位動搖，藤原氏南家仲麻呂乘機抬頭，貴族間爭奪權勢日益激化。據正史《續日本紀》記載，藤原廣嗣為軍官所處死，然大野東人斬之，在奉敕先斬後奏之前，時序可疑。民間野史多以廣嗣自殺作結，或有自刎之說，亦有墜海之說，眾說紛擾，後人便於鏡神社奉祀藤原廣嗣之靈。

文學地景：鏡神社，位於奈良市高畑福井町468。

就算現在下雪

《萬葉集》的文學地景——新藥師寺

　　西元 747 年，光明皇后（註1）為了祈求聖武天皇病癒而下令興建新藥師寺，這座寺院曾與東大寺齊名，寺內金堂供奉一座高 190 公分的藥師如來佛像及十二明王雕像。

　　藥師如來坐像是用一根木頭「從一而終」雕刻而成，除了眼睛、眉毛、嘴唇等部位著色，其餘部分完全保留木材本色，這座佛像被列為九世

註1：光明皇后，藤原不比等之三女，又稱藤原皇后。

左頁
左：新藥師寺
右：新藥師寺入口

右頁
左下：新藥師寺山門
右上：新藥師寺本堂
右中：新藥師寺側門
右下：新藥師寺旁的春日山不空院

紀「一木雕像」的代表作。此
外，十二尊站立在藥師如來佛
坐像周圍的十二明王雕像，又
被稱做「十二神將」立像，是
八世紀時的作品，堪稱日本最
大、最古老的雕刻作品。如今，
藥師如來佛像及十二明王雕像
已被列入國寶級文物。

　　史載，寺院內原本還蓋有
同時期建造的東西塔、僧坊等
建物，僧侶人數多達一千人，

左／右：新藥師寺十二神將雕像

後來因遭雷擊而發生大火，燒燬大部分的建築物，只剩下當前所能見到的金堂正殿。不久，重新修建了東門、地藏堂等。新藥師寺的正殿是僅存奈良時代的建築物。

每年到了秋天，新藥師寺內的胡枝子會燦爛盛開。

《萬葉集》卷八，第1658首，冬相聞歌，收有光明皇后寫給聖武天皇的作品，原文：「我が背子と　ふたり見ませば　いくばくか　この降る雪の　嬉しくあらまし」；通釋：「私のあなたと、二人で見れば、どれほど、この降る雪が、嬉しく思われることでしょう」；若用白話來說則是：「我和你二人見面的話，就算現在下雪，也是會感到高興吧！」

文學地景：新藥師寺，位於奈良市高畑福井町1352。

第 *15* 帖

南都燒討，烈焰沖天
——關於《平家物語》及其文學作品景點

關於——鎌倉時代的《平家物語》

　　《平家物語》成書於 13 世紀鎌倉時代的軍記物語，為日本平安時代末期和鎌倉時代初期出現的長篇歷史戰爭小說，原稱〈平曲〉，又稱〈平家琵琶曲〉，西方人譬喻為「日本的伊里亞德」。作者究為何人，眾說紛紜；在吉田兼好著作的《徒然草》一書中，明喻可能是信濃前司行長所寫，再由目盲的僧侶「琵琶法師」以琵琶伴奏演唱的臺本，原著三卷，後經說書人一再傳唱、補充，並加入不少文人校勘、編寫；後於土御門天皇建元元年（1201）到 1221 年形成今日傳述的十三卷本。

　　琵琶法師原名生佛，有稱「無耳芳一」，為一目盲僧侶，常在路邊彈奏琵琶。鎌倉時代初期，他以《平家物語》為藍本配合琵琶做出〈平曲〉，主要以唱誦經文和說唱《平家物語》為人知曉。〈平曲〉內容描述平安王朝末期，舊貴族階級日趨沒落，逐漸為新興武士階層取代，甚至滅亡的爭戰過程。故事記敘平清盛因一時之仁，使源賴朝兄弟得以免死，最終平家

滅絕，源賴朝以妒嫉之心追殺胞弟源義經，義經死後四個月，奧州藤原氏榮華告終，最後源氏宗族也一樣被北条家所滅；源平之戰，孰勝孰敗？果真如卷首語所言：一陣輕塵，過眼雲煙。

《平家物語》一書內容，主要圍繞在以平清盛為首的「平家」和以源義朝為首的「源氏」，兩大武士家族政爭的興衰起落的歷史小說，全書以編年體寫作，內容分三部分。

第一部分敘述平清盛登上第一位武家當上太政大臣職位的大人物後，性情丕變，變得跋扈、驕奢與霸道，除了將女兒建禮門院德子嫁給高倉天皇，更排除眾議，讓年幼的外孫登基為安德天皇，並囚禁後白河法皇，控制整個朝廷，以致內戰四起。

第二部分著重在長子平重盛去世不久，平清盛也因熱病過世，由三子平宗盛繼承平家。平宗盛能力不足，戰力不夠，導致平家漸趨衰敗。此時，平家對手，源氏的木曾義仲趁勢崛起，攻掠京城，逼迫平家撤遷西國。義仲進入首都後，無法約束軍隊，軍心渙散，最後由身在鎌倉的源賴朝下令兩位弟弟源範賴和源義經追討義仲，並且將義仲斬首示眾。

左頁
左：平清盛畫像
右：平清盛畫像（月
　　岡芳年繪）

右頁
左：南都燒討的平
　　重衡
右：平重衡畫像

　　第三部分的重點集中在被日本人視為戰神的源義經身上，義經進入京城後，受到後白河法皇的信賴，並在追討平家的一ノ谷之戰、壇の浦之戰中立下輝煌戰績，被視為打敗平家，使平家由盛至衰，終被消滅的最大功臣。由於戰功彪炳，引起源賴朝妒嫉，下令追殺，義經一路逃到奧州的平泉，起初，還受到藤原秀衡的庇護，但秀衡死後，其子藤原泰衡為了討好源賴朝，逼得義經自盡身亡。

　　儘管原作者有意把平家的滅亡歸咎於平清盛為所欲為的驕奢惡行，但在本質上卻道出「貴族化」才是讓平家走向衰敗的癥結。台灣遠流文化出版的《平家物語》譯本，強調本書最大的藝術成就在於塑造王朝文學所不曾有過的披堅執銳、躍馬橫槍的英雄人物。全書貫穿了新興的武士精神，武士、僧兵取代貴族的地位，繼而成為英姿勃發的傳奇人物。這些形象的出現，象徵日本古典文學開創了與王朝文學迥然不同的傳統寫作新局，對後世文學發展具有深遠影響。

　　台大歷史系教授李永熾評論，與出自平安時代初期，紫式部創作的《源氏物語》並列為日本古典文學雙璧的《平家物語》，一文一武，一象徵「菊花」，一象徵「劍」。在日本，《平家物語》主要版本有日人稱為「國民文學作家」，先後著有《宮本武藏》、《三國英雄傳》等書的吉川英治所著《新·平家物語》，以及宮尾登美子的《平家物語》等。全書敘述享盡榮華富貴的平家一族，在棄京之後的源平合戰，歷經一ノ谷、屋島之戰、壇の浦之戰等戰役後，節節敗陣，終至滅亡，寓寄了《平家物語》的警世語：「驕奢者如一場春夢，不會長久。強梁者如一陣輕塵，過眼雲煙。」

平重衡火燒東大寺、興福寺

《平家物語》的文學地景——奈良

　　平清盛是日本平安時代末期的武將、公卿、政治家。伊勢平氏的棟樑平忠盛的嫡長子。

　　1156 年保元之亂後，平清盛贏得後白河天皇的信賴，又於 1159 年的平治之亂打敗源義朝鞏固其地位。1167 年升任太政大臣，隔年出家，人稱入道相國。女兒平德子嫁給高倉天皇為后，開創了誇耀「不是平氏一族的人就不是人」的平氏政權時代。

左頁：平重衡南都燒討繪圖
右頁：被平重衡南都燒討過的興福寺

　　後來，基於對後白河天皇不滿，於治承四年（1180）2 月，迫使高倉
天皇退位，擁立自己的外孫安德天皇即位，這是平氏一族的全盛時期，當
時平氏的知行國足足有日本全國一半以上。

　　平清盛的獨裁作為引起貴族、僧人、武士的反對；同年 12 月 28 日，
平清盛下令兒子平重衡、外甥平通盛領軍攻打奈良東大寺、興福寺的僧
兵，後又以「南都燒討」燒燬奈良許多寺院，成為歷史事件。《平家物語》
一書如是記述道：

　　這次遷都福原，君臣朝野無不嗟歎。延曆寺、興福寺等所有寺院神社
都說這次遷都不合適。因此，這位一向獨斷專橫的入道相國就說：「那麼，
還是返回舊都吧！」同年十二月二日就匆匆遷回舊都去了。

　　福原新都，北依山巒，地勢較高；南臨大海，地勢較低；波浪的聲音噪耳，海風非常猛烈。所以高倉上皇經常生病，一聽說可以遷回舊都，就趕緊離開福原。從攝政公起，太政大臣以下的公卿、殿上人都爭相隨侍。入道相國以下，平家一門的公卿、殿上人也都回舊都去了。誰還願意在這令人不快的新都多留片刻？從六月起，拆了房屋，運來財貨雜物，建起頗具規模的新都，現在又像發瘋似地還都，甚至等不及做什麼安排，就丟三落四地返回舊都了。各家各戶沒有可住的地方，只好住在八幡、賀茂、嵯峨、太秦、西山、東山等偏僻地方，或在佛堂的迴廊、神社的拜殿，暫時棲身。其中有許多都是有身分的人。

　　關於這次遷都的理由，據說是因為舊都與南都北嶺都很近，稍微有點事，僧眾就以春日神木，日吉的神輿（註1）為憑藉，鬧事胡為。福原則隔山隔水，路程也很遠，不會輕易發生那樣的事。原來這就是入道相國遷都的理由。

　　同年十二月二十三日，平家再次對近江源氏進行征討，以左兵衛督知盛、薩摩守忠度為大將軍，率二萬多人馬，進攻近江國。先將散在山本、柏木、錦古裡等處的源氏一一消滅之後，就向美濃、尾張進軍。

　　這時，京城中有人議論：「高倉宮進駐園城寺，南都僧眾與其同聲一氣，派人迎接，跟朝廷為敵，因此，南都和三井寺應該一起討伐。」這個消息傳到奈良，僧眾立刻聚集騷動起來。攝政公藤原基通曉諭：「有什麼要求儘管說出來，無論幾次，我都可以轉奏。」

註1：春日神木是春日若宮的神體，興福寺的僧眾爭訟時抬出去鬧事。延曆寺的
　　　僧眾則抬出日吉神社的神輿到皇宮前請願。

但僧眾置若罔聞。攝政公又派兼有官職的別當忠成做為使者前去安撫。僧眾起哄說：「把那傢伙從馬上拉下來，剪掉他的髮髻！」忠成驚慌失色，逃回京城去了。隨後又派右衛門佐藤原親雅前去。僧眾們仍是大喊：「剪掉那傢伙的髮髻！」嚇得他也慌慌張張逃了回來。

當時，勸學院（註2）的兩個雜役被剪掉了髮髻。南都又做了一個用於遊戲的大木球，說是平相國的頭，嚷著說：「打呀！踩呀！」書上有云：「言之易洩，招禍之媒也；事之不慎，取敗之道也。」那位入道相國畢竟是當今皇上的外祖父，奈良僧眾這樣污辱相國，大概是著了天魔吧！

入道相國獲悉此事，心想：這該如何是好？首先要將南都的騷亂平息下來。於是派備中國住人瀨尾太郎兼康補了大和國檢非違所（註3）的長官。兼康就帶著五百多人馬赴任去了。兼康臨行前，相國曾這樣囑咐：「一定要注意，即使僧眾有些胡鬧，你們也不可隨意動武，既不要披甲冑，也不要帶弓箭。」

但南都僧眾並不知道內情，把兼康部下的低級士卒捉了六十多個，統統斬了首級，掛在猿澤池畔。入道相國十分憤怒，說道：「那麼，就進攻南都吧！」便派頭中將重衡為大將軍，中宮亮通盛為副將軍，率四萬人馬向南都進發。南都僧眾不分老少，共有七千多人，全都武裝起來，在奈良坂和般若寺兩處，將道路挖斷，掘出壕溝，築起壁壘，設置了鹿砦（註4），嚴陣以待。

平家四萬人馬分成兩路，對奈良坂和般若寺兩處城廓發起進攻，齊聲吶喊。僧徒都是徒步，手持腰刀。官軍則騎馬衝殺，東追西逐，箭矢連發

註2：是藤原冬嗣於弘仁十二年(821)為教育藤原氏子弟而設立的學校。

註3：檢非違所是地方國司所屬，相當於警察和司法機關。在中央一級則稱為檢非違使廳。

註4：古代作戰時的防禦設施。

如下雨一般。抵抗官軍的僧眾幾乎全部戰死；從卯時開始交戰，一直戰到天黑，到了晚上，奈良坂和般若寺兩處城廓都被攻陷了。

　　在逃脫的僧眾之中，有一個叫阪四郎永覺的勇猛和尚，既能使刀，又善於射箭，其膂力之大，在七大寺、十五大寺（註5）當中是首屈一指的。他在淺綠的腰甲外面披著鎧甲，頭盔上綴有五枚護頸，左右兩手各握一把向上翹起的茅葉似的白柄大長刀和一把黑漆大馬刀，與同宿的十多個僧兵先後開門，從碾磑門殺出來，暫時抵住了官軍。有許多官軍因為馬腿被砍斷，也被殺死了。但官軍勢眾，他們交替進攻，輪番拚殺，將永覺身邊的人殺得一個不剩，永覺雖然勇猛，無奈寡不敵眾，只得往南逃走了。

註5：南都七大寺即東大寺、興福寺、元興寺、大安寺、藥師寺、西大寺、法隆
　　　寺。十五大寺即上述七大寺，加上新藥師寺、大後寺、不退寺、京法華寺、
　　　超證寺、招提寺、宗鏡寺、弘福寺等八大寺。

般若寺

般若寺樓門

　　進入夜戰，因為天色太黑，大將軍重衡站在般若寺門前說道：「點起火來。」話音剛落，平家軍士中有一個播磨國住人、福井莊的差役，名叫次郎太夫友方的，便劈下一塊木楯，做成火把，將民房點燃了。這是十二月二十八日晚上的事，因為風勢極猛，雖然開始只有一處火源，經狂風勁吹，許多伽藍神廟都著火燒了起來。那些知羞恥、惜名譽的僧徒，不是戰死在奈良坂，就是戰死在般若寺了。還能走動的，都往吉野十津河方向逃去了；那些無力逃走的老僧，修學佛法的學僧，以及稚男幼女，都爭先恐後地向大佛殿、山階寺（註6）逃去。大佛殿的樓上，聚集了大約一千多人，為了不讓敵人上來，他們把樓梯也拆掉了，及至猛火燒來，那種慘叫的聲音，就是身處焦熱、大焦熱、無間阿鼻（註7）等火焰地獄的罪人也不能

註6：即興福寺。

註7：焦熱、大焦熱、無間都是八大地獄的名稱。阿鼻係梵語，即無間；意思是無間斷的受罪，是八大地獄最下的一層，處罰罪過最重的人。

相比吧！

　　這興福寺本是淡海公（註8）許願興建的，是藤原氏歷代的私家寺院。東金堂供奉的是佛法傳來後的第一幅釋迦像；西金堂供奉的是從地下自然湧出的觀世音像。那琉璃鑲嵌的四面廊，丹朱塗飾的二層樓房，頂上九輪發光的兩座佛塔，在頃刻之間，都已化做灰燼。

　　東大寺供奉的常在不滅、顯身於實報土和寂光土的佛尊，聖武天皇親手製作磨光的十六丈金銅盧舍那佛（註9），烏瑟（註10）高聳，為天上雲霧所遮；眉間白毫，尊容恰如滿月，而今頭髮被燒落，身體銷熔委頹。八萬四千種尊容，已如秋月為五重之雲遮掩；四十一地之瓔珞，恰似夜星被十惡之風所吹。煙塵蔽空，烈焰沖天，目睹者不忍正視，耳聞者為之喪膽。法相、三論之聖教（註11），全無一卷存留。

　　不要說我朝，就是天竺、震旦，佛法也不至淪喪到這種地步吧！優填大王煉下的真金，毘首羯摩（註12）雕刻的赤栴檀，所塑皆為等身佛像，況且這乃是南閻浮提（註13）獨一無二的佛像，本來希望永留於世，而今橫遭烈焰，惟留悲哀之跡。梵釋四王（註14），龍神八部，冥官冥眾，

註8：淡海公是藤原氏創業者之一藤原不比等的諡號。生於七世紀，係大織冠藤　　　原鎌足之子，光明皇后之父。

註9：盧舍那佛指奈良東大寺的大佛。

註10：烏瑟是佛的三十三種形相之一，頭上肌肉高高隆起，有如圓髻。

註11：法相宗、三論宗俱為佛教的宗派。奈良時代法相宗興盛之後，三論宗逐　　　　漸衰滅。

註12：帝釋天的臣屬之一，掌管器作的神，深受天竺工匠的尊崇。

註13：閻浮提，即人間世界。

註14：即梵天、帝釋天和持國、增長、廣目、多聞四大天王。

一定也會大為震驚吧！擁護法相宗的春日大明神，不知有什麼感想！春日野之露水為之變色，三笠山（註15）之風如泣如訴。

　　據說，在火中燒死的，大佛殿的樓上有一千七百多人，興福寺裡有八百多人，某一個殿堂有五百多人，另一處殿堂有三百多人，共計有三千五百多人。在戰場上戰死的僧眾有一千多人，有些人被梟首在般若寺門前，有些則被斬下首級送到京城去了。

　　二十九日，頭中將徹底掃滅了南都，班師回京城去了，入道相國總算出了一口怨氣，心中十分高興。中宮、法皇、上皇及攝政大臣以下的人都悲歎道：「惡僧倒是被除掉了，但寺院不該被破壞呀！」那些僧眾的首級，最初是在京都大路上巡迴示眾，後來全都被掛在獄門前的樹上。後來對東大寺、興福寺的慘遭毀滅不再有什麼指示，這些首級便都被拋棄在各處的壕溝裡了。聖武天皇在御筆詔書中曾說：「我寺興福，則天下興福；我寺衰微，則天下衰微。」這麼說，天下衰微是無疑的了。令人驚恐不安的一年終於過去了，治承進入了第五個年頭。

　　平氏的一連串行動確實壓制了國都周邊的反平家勢力，然而，火燒南都也使平清盛蒙上佛教之敵的汙名。

註15：三笠山，即若草山。

文學地景：般若寺，位於奈良市般若寺町。
　　　　　奈良坂，舊街道，位於般若寺附近的奈良阪町。
　　　　　興福寺、東大寺、春日大社（見前章節）。

第16帖

殘月下的三味弦琴聲
——關於谷崎潤一郎及其文學作品景點

關於──谷崎潤一郎的《春琴抄》

《春琴抄》一書敘述美麗的三味弦老師，原名叫鵙屋琴的春琴，一生曲折的情愛故事。

春琴原為大阪市船屋塢區道修街鵙屋氏藥商的掌上明珠，從小倍受家人呵護，九歲時因眼疾失明，發奮學習三味弦，在「春松檢校」的學生中，沒哪個人的琴藝比她更傑出。男主角「佐助」比春琴大四歲，三代家人都是替人幫傭，十三歲到鵙屋家當傭人，且是專心一意為春琴引路的僕人，不久，佐助也接受春琴為他教導三味弦琴，成為他的啟蒙老師，她的教學雖然嚴格，但佐助並未因此而中斷學琴的心意。

相處日久，春琴的父母覺得佐助為人忠厚，是春琴最佳的適婚人選，但春琴不表同意，她心中那一層難以跨越的主從隔閡的封建思想非常強烈，使她跟佐助之間的強烈愛慾情戀，呈現出無比微妙的單一面向。從潛意識裡已然暗自愛慕且尊敬春琴的佐助看來，他單純到以為只要能和春琴一樣置身在同樣黑暗的世界，進入同樣的藝術之道，將會是無上的幸福。

對眼清目明的佐助來說，春琴雖然目盲卻是擁有罕見明眸的女人。正因目盲，她的雙眸越發閃爍永恆的美麗光輝。因此，佐助對春琴的心，已經名副其實的到達了捨棄自我的地步。

滿溢著愛意與敬畏的心情照顧主人，佐助該如

左頁
上：谷崎潤一郎的作品《春琴抄》書影
中：《春琴抄》書影
下：由三浦友和與山口百惠主演的電影「春琴抄」劇照，佐助為春琴修指甲

何為這段情愛做出最難的抉擇？

　　從谷崎潤一郎的美學觀念為標的，他筆下安排的結尾，竟是在春琴某夜睡眠中被壞人以滾燙的熱水毀容。就醫期間，春琴說，縱使面容傷癒的那一天，任何人都會看見她傷癒後的臉，唯獨不讓佐助見到；為了達成春琴不讓他看到受傷的臉的心願，佐助竟於最後時刻，用針刺瞎了自己的雙眼，終於進入和春琴老師一樣不見天日的世界。

　　這是情愛極致衝動的表示，還是真愛無私與無悔的必然舉措？更或者是，雙方都意圖將最美好的一面永遠留在心中？

　　過去，一個始終垂眼彈琴，一個始終垂頭難語，因為身分差異，無法明正言順且光明正大涉入年輕的綿綿情愛；惟有當地震發生時，因為春琴感到恐懼才可能相互擁抱，短暫的依偎在佐助的懷裡。沐浴後，他為她擦身，卻毫無曖昧情色的邪念；如今，兩人都成為目盲者，琴聲叮叮，他甘心不悔的以春琴心念中「因為自尊的關係，不能跟一個傭人結婚」的心情一生守候她。

電影「春琴抄」劇照，春琴受傷，佐助為「完美的愛」刺瞎自己的雙眼

電影「春琴抄」劇照，地震來時，春琴因驚嚇而擁抱佐助

據說天龍寺的峨山和尚聽見佐助自刺眼睛的事，說道：「轉眼之間，斷決內外，轉醜為美，欣賞禪機，庶幾達人之所為。」

後來，春琴於明治十九年六月罹患腳氣病，十月心臟麻痺長逝。春琴離開人世，佐助聽見天鼓鳥的啼聲便會哭泣；燒香之餘，有時取出琴來，彈奏「殘月」、「春鶯囀」之曲，此曲為春琴代表作。佐助直到暮年也沒妻妾、子嗣，在門生的看護中，於明治四十年十月以八十三歲高齡過世。

風吹落櫻如雪亂，佐助自刺雙眼，該是源於對美的崇敬和獻身。他寧願刺瞎自己的眼睛，毫無罣礙的在失明後，坦然和春琴處於同等的世界，宛如身處在寧謐極樂的境界之中。

《春琴抄》於 1976 年拍成電影，由當代著名的金童玉女俳優山口百惠飾演春琴、三浦友和飾演佐助，兩人都曾合演過著名文學作品改編的電影，如川端康成的《伊豆の踊子》、《古都》，三島由紀夫的《潮騷》、大江賢次的《絕唱》、堀辰雄的《風立ちぬ》、松本清張的《霧の旗》、高橋三千綱的《天使的誘惑》、藤原審爾的《泥だらけの純情》等，演出谷崎潤一郎的小說《春琴抄》，一段令人感到平靜裡格外悲痛的愛情故事，除了美，就是真心的感動了。

左頁
電影「春琴抄」劇照，佐助為春琴化妝塗寇丹

右頁
左：道修町的藥局
右：大阪道修町是著名的藥學
　　發祥地

風吹落櫻如雪亂

《春琴抄》的文學地景──少彥名神社

　　自從春琴被壞人在暗夜中，用熱水燙傷面容後，忠心耿耿的佐助，每天夜裡趁著藥鋪其他傭人熟睡時，隻身摸黑去到位於中央區道修町的「少彥名神社」，不論天候冷暖，先是以神社洗手台的清水從頭到腳淨身一番，然後參拜醫藥之神，祈求春琴早日康復。

　　少彥名命，又叫做須久那美迦微、少日子根、少名毘古那等，是日本神話中的神祇，後被奉為智慧之神和醫藥之神。根據《古事記》所敘，少彥名是神皇產靈神的兒子；而根據《日本書紀》的說法，他是高皇產靈神的兒子。

　　書中記載，大國主（大己貴神）在出雲建國時，有一天，忽然聽見海中有人的叫喊聲，驚訝地四處搜尋，卻什麼都沒找到。不久後，有一個小人穿著蛾皮衣，從波穗乘羅摩船渡海而來。大國主問其名字，小人不答，諸神也都不認識他，只有久延毘古神知道他是神產巢日神的兒子少彥名命。大國主請示神產巢日神，神產巢日神說少彥名命係從指縫溢漏而生，

是自己一千五百個兒子中，最不服從教養的一個，希望大國主好好照顧他。於是少彥名命與大穴牟遲合力協助大國主神建國，完成任務之後，少彥名命乘船返回常世國。

神話中的少彥名命做為智慧之神、醫藥之神、商業之神和開拓之神，在日本各地都建有少彥名神社。在神社裡，少彥名命與神農一起受祭；少彥名命、大那牟遲和大國主被併稱為「開拓三神」，祭祀於北海道神宮；大日本帝國對外擴張期間，在其擴張所得的新領土上，都建有台灣神宮和樺太神社，以祭祀開拓三神。

大阪少彥名神社位於被稱為「藥之城」的道修町的樓宇之間，供奉著健康之神、醫藥之神而廣為人知。神社內奉祀日本醫藥神祖少彥名命和中國醫藥之神神農氏，當地人也叫這個神社為「神農爺」。江戶時代光格天皇安永九年（1780），藥商們將道修町的同業公會中供奉的神農氏，與京都五条天神宮供奉的少彥名命的分身合祭在一起，即是這個神社的起源。

「紙老虎」是大阪特產，也是該

神社祛病的護身符。相傳，文政五年（1822），大阪市霍亂肆虐，該神社製作了大量「虎頭殺鬼雄黃圓」的治病藥丸，免費配上祈求祛病的護身符「紙老虎」一起發放，不久，疾病就慢慢被抑制住了。「神農祭」於每年11 月 22、23 日舉行。

　　如今，大阪市每年的各種例行儀式，始於今宮戎神社的「十日戎」，結束於「少彥名神社」的「神農祭」，因此，「神農祭」也被大阪人稱為「收尾祭」，直到今天，每逢這個日子仍然會分發「紙老虎」。神社內還設有「藥之道修町資料館」，供信眾查詢相關資料。

　　谷崎潤一郎在《春琴抄》小說中，選擇「少彥名神社」做為佐助為女主人祈福所在，自是跟春琴面容被毀，但求醫藥之神相助有關了。自明治時代以來，大阪道修町即是著名的藥學發祥地，整個町區的製藥會社、藥鋪，四處林立，如小林製藥、武田藥品工業、田邊三菱製藥、小野藥品工業等藥廠總社或分部都設立於此。

左頁
上：少彥名神社正殿
下：少彥名神社洗手台

右頁
左：春琴抄の碑立在少彥名神社入口小巷
右：春琴抄の碑

文學地景：少彥名神社，位於大阪市中央區道修町2-1-8，地鐵堺筋線「北濱站」出站步行2分鐘。

開出迷人芳香的純粹美

《春琴抄》的文學地景——春琴抄の碑

　　在大阪市中央區道修町鎮座了兩百餘年的少彥名神社，參道入口處，建立了一塊「春琴抄の碑」，這塊石碑設於平成十二年（2000），碑石上印製有谷崎潤一郎《春琴抄》的手稿真跡，「春琴抄の碑」五個字則由時年 101 歲的日本國寶級書法家菊原初子揮毫題字。

　　這一塊具有象徵性意義的石碑，是為了紀念谷崎潤一郎在《春琴抄》小說中，以道修町這個日本藥學發祥地做為文學舞台背景，某種程度上的一種感念！

　　谷崎潤一郎在《春琴抄》藉由春琴遭受燙傷的臉和佐助自殘雙眼，意欲表達內心對於絕對美的追求與嚮往；谷崎做到了，在上述兩者之間的行

左上：春琴抄の碑與少彦
　　　名神社一巷相連
中上：少彦名神社的「紙
　　　老虎」是祛病的護
　　　身符
中下：春琴抄の碑旁的少
　　　彦名神社説明牌
右：從春琴抄の碑可見到
　　少彦名神社的古木

為中，他把這種嚮往絕對美的追求，透過文字建構在純粹的精神層面，也即是說，從佐助自殘雙眼那刻起，他已然抽離了現實之美，而讓純粹的美開出迷人芳香。

除了《春琴抄》之外，谷崎潤一郎的另一本名著《細雪》的文學舞台一樣被作者設定在大阪，也即鄰近道修町的船場；兩本同樣出色的小說舞台都設定在大阪，好比「春琴抄の碑」的建立，像是要把極端的美留在道修町，以及佐助為春琴祈福的少彦名神社。

我從台灣過來，我從住宿的新大阪民宿搭車來到這座象徵絕對美的少彦名神社，探訪「春琴抄の碑」；是了，就只是一塊碑石罷了，可卻讓我彷彿走進佐助對現實閉上雙眼的切身體悟之中。

戲劇中那動人心弦的三味線琴聲依稀在我耳畔流過。正如春琴所言：「自己對三味線的奇妙琴音，是在失明之後才開始吟味到的。」我是在走過道修町、走進少彦名神社拜後，才開始吟誦起《春琴抄》的文字和情節之美。

文學地景：春琴抄の碑，位於少彦名神社參道前。

唯美派大師的文學回歸

《春琴抄》的文學地景──谷崎潤一郎文學碑

　　1886 年出生於東京的谷崎潤一郎，曾經獲得諾貝爾文學獎提名。代表作有長篇小說《春琴抄》、《細雪》，被日本文學界推崇為經典的唯美派大師。

　　谷崎潤一郎的父親是米商，1908 年進入東京帝國大學文學部就讀，讀了兩年之後離開學校，隨即創辦了《新思潮》文學雜誌。1916 年與石川千代結婚，隔年生下長女谷崎鮎子。1918 年年底，他曾前往朝鮮、中國北方和江南一帶訪問。1923 年 9 月，發生東京大地震，谷崎潤一郎舉家搬遷到關西的京都、神戶，此後，他的寫作從青年時期的西方風格開始轉變，引進一些具有關西方言和大阪特有風土人情的作品。《春琴抄》和《細雪》便是其中最成功，也是最著名的兩部。

大阪國立文樂劇場的指標

國立文樂劇場外觀

271

上：國立文樂劇場
左下：國立文樂劇場旁的舊高津小學校址碑
中下：位於國立文樂劇場的西側的「谷崎潤一郎文學碑」
右下：谷崎潤一郎文學碑位於人行道邊

　　為了這種文學精神的回歸，大阪市觀光振興局文化部特別在中央區日本橋一丁目，國立文樂劇場的西側，矗立一座「谷崎潤一郎文學碑」做為紀念，碑文題目「蓼喰ふ蟲」。

> 文學地景：谷崎潤一郎文學碑，位於大阪市中央區日本橋一丁目，國立文樂劇場西側。

第 17 帖

十六歲的少男日記
——關於川端康成及其文學作品景點

關於—川端康成

1899 年 6 月 11 日出生大阪北區此花町，天滿宮對街一間矮房的川端康成，兩歲時，父親榮吉因肺結核病辭世，他遂跟隨母親遷居到大阪府西成郡豐里村，母親的娘家黑田家生活；翌年，母親同樣罹患肺結核病逝。川端便由祖父母領養，寄居到舅父黑田家，唯一的親姊姊則寄養到姨母家。

幼年孱弱多病的川端，為了身體健康，少與外界接觸，封閉的生活，愈加造成他憂鬱、扭曲的性格。七歲到十歲的四年間，祖母和姊姊相繼因病離開人世，他的心和精神遭受困阨的重創。直到 1912 年，他以第一名的優異成績考進大阪府立茨木中學，開始接觸文學，無論新體詩、短歌、俳句、作文等，都讓他的志向朝成為一名優秀小說家而努力，他開始博覽各種文藝雜誌，並嘗試提筆寫作。

他把心願設定在藝術與文學創作上，這種崇高的意願，後來成為靈魂血脈中不可叛離的宿命，這些難以擺脫的宿命維繫他文學心靈不斷成長；由於幼年期面對無常生命的幻變，使他原本即已表現不俗的抒情文筆，更能穿透生死離合，讓他因家境變遷導致的悲慘命運，衍

左頁
上：川端康成
下：川端康成於 1970 年來台
　　參加亞洲作家會議（攝自
　　台灣省製片廠新聞短片）

右頁
大阪府三島郡川村大字宿久庄
舊宅是川端康成少年時代生活
地

生為早熟的憂傷靈魂，進而愈加奠定和深化成他樸素、清寂和淒美的文學內涵。

自幼生活孤寂的川端，雖則一再拒斥與現實社會接觸，卻又一邊在文字世界裡，編織屬於自己想像空間的能量，他所閱讀的《源氏物語》、《枕草子》這些平安時代留下的古典文學作品，深刻的影響了他日後的創作。他闡明寧靜幽玄的寫作風格，以及東方世界特有的人文情愫，對於後世日本新文學運動的發展帶來清新典範，評論家讚譽他是「日本新感覺派」的文學家。

十九歲時，川端寫成膾炙人口的《伊豆の踊子》，從此作品不斷，包括著名的《美麗與悲哀》、《山の音》、《雪國》、《千羽鶴》、《古都》等文學鉅著，不僅使他聲名大噪，多部作品相繼被改編成電影，《伊豆の踊子》曾先後六次搬上大銀幕、《雪國》則連續七次改編成電影和電視劇。

1968 年 10 月 17 日，時年六十九歲的川端康成，歷經人生無數波折與創作煎熬，終於憑藉《雪國》、《千羽鶴》及《古都》三本著作獲得當年國際最高榮譽的諾貝爾文學獎，且是日本獲得這項殊榮的第一人。

1970 年 6 月 16 日，「中華民國筆會」主辦的國際筆會第三屆亞洲作家會議在台北舉行，由當時的會長林語堂主持，1968 年甫獲諾貝爾文學獎的川端康成應邀出席，並在開幕時做了一場精闢又生動的講演，講題「源氏物語與芭蕉」的內容與演說風采，獲得與會人士熱烈的掌聲。

中年後搬遷到鎌倉市長谷居住的川端康成，獨愛清靜，對佛教情有獨鍾，寫作之餘偏愛書法，漢字寫得活靈活現，但內心卻異常矛盾，對於獲獎後帶來的榮耀和不斷湧現的慕名者，心裡十分厭惡，這種反應或許與身為孤兒的封閉心理有關，加上情誼深厚的忘年之交三島切腹自決的陰影揮之難去，他的心思和情緒不斷沉落低潮。

1972 年上半年以後，他鮮少出現在公開場合。

豈料，才剛動完切除盲腸手術未及一個月的 4 月 16 日夜晚，他竟在長谷的公寓自宅含煤氣管自殺身亡，自殺前未留任何隻字片語的遺言，就連家人也無法理解位居日本文學界巨擘的親人，為什麼會自盡結束生命？

一生都在憂鬱、矛盾中過活的川端，自盡身亡之前，曾對一樣以自殺方式棄世的文學家古賀春江生前的口頭禪大加讚賞，那句話是：「再沒有比死更高的藝術了，死就是生。」不料這句話卻成為川端人生終極的樣本，這是繼三島由紀夫自殺十七個月後發生的悲劇，當時川端七十三歲。

我曾於某年旅行鎌倉時，和友人進入川端位於長谷的故居，那是一次感動的文學旅行，我坐在川端生前閒坐沉思的石階留影紀念；斯人已往，我卻獨享他文學創作的靈動之地，至今想起，依然心動不已。川端的生平，川端的文學與風範，我把它們一一寫入眷顧的崇敬情懷之中。

大阪茨木市「川端康成文學館」

關於——川端康成的《十六歲の日記》

　　1912年4月，川端康成以第一名的優異成績考進大阪府立茨木中學，升上二年級時，他的志向即明顯的彰示將來要成為一名優質小說家的心願，於是開始博覽各種文藝雜誌，嘗試寫作新體詩、短歌、俳句、作文等。

　　1914年5月，祖父三八郎病重後，他獨守在病榻旁，誦讀《源氏物語》那些感時傷事、帶著哀傷的詞句，以此驅遣心中的傷感，並沉溺於感傷，他決定把祖父彌留之際的情景紀錄下來，於是寫成了〈十六歲の日記〉一文。這篇〈十六歲の日記〉既是川端痛苦心情的現實寫生，又是洋溢在冷酷的現實裡的詩情，於此，更加顯露了他創作才華的端倪。秋天時，他把過去所寫成的詩文稿裝訂成冊，題為《第一谷堂集》、《第二谷堂集》，前者主要收入新體詩三十二篇，後者為中小學所寫的作文。少年時期的川端開始具有文人意識，且已萌發最初的寫作欲望。他年少時代的作品〈滴雨穿石〉的作文，直到現在還完好保存下來。

左：川端康成《16歲的日記》英文版書影
右：〈16歲的日記〉收錄在《少年》一書中

川端十五歲，正值初中三年級，僅剩相依為命的祖父，也於當年五月撒手人寰，他只得以一個無家可歸的孤兒身分，由西成郡豐里村母親娘家的舅父黑田秀太郎收養。祖父辭世，他又寫下〈拾骨〉、〈參加葬禮的名人〉、〈向陽〉等寫生式作品，紀錄有關祖父病逝前後的情事。

　　姊姊和祖父相繼過世，這種「死亡的體驗」留給他極度恐懼的心理，並影響他一生及文學創作。

　　暫時投靠寄居到舅父家，直到 1915 年，才搬遷住進茨木中學宿舍。茨木中學的宿舍生活，讓他有機會經常出入學校圖書館和住宿附近的書店，他的讀書範圍非常廣泛，從白樺派到谷崎潤一郎、上司小劍、德田秋聲等人的作品，以及《源氏物語》、《枕草子》等日本古典小說，外國作家則閱讀過杜思托也夫斯基等人的著作。

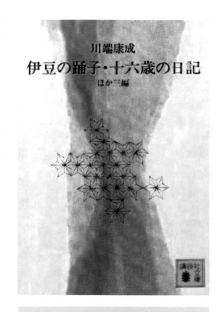

　　幼年的命運雖然坎坷，川端求學的過程卻顯得十分順利，不僅在校成績優異，對於從小即立定藝術文學之路是他靈魂血脈中不可叛離的宿命，這種宿命也一直維繫他文學靈魂不斷成長；因此，從少年時期進入文學創作的領域，使得他原本抒情的文筆，更能穿透生死無常，以及幼時家境變遷的悲慘命運帶來的成熟思維，並奠定他文學內涵中，樸素清寂的淒美特色。

　　後來，〈十六歲の日記〉收錄到他的著作《少年》一書中。

左頁：《16 歲的日記》書影

右頁：川端康成出生地在大阪天滿宮對面

日本三大祭祀的天神祭

《十六歲の日記》的文學地景——大阪天滿宮

　　明治三十二年（1899），接近初夏的六月天，文學家川端康成出生自大阪府天神橋通底，天滿宮正門稍往東側，如今已成為日式懷石料理店「相生樓」的現址；今日所見的「相生樓」門口右側，立有一塊「川端康成誕生地」的石碑，碑石上面雕有簡述川端生平的陰刻文。

　　川端的父親「榮吉」是位醫生，在時為大阪市北區此花町經營診所，於川端未滿兩週歲時過世，全家不得不移居到母親的娘家生活。這位被文學評論家形容為地地道道是《源氏物語》一貫傳承下來的日本典型作家，一生坎坷，卻運用他敏銳的心靈，洞察人生的生死場，然後寫下一行行美麗與哀愁的雋永文學作品。

　　川端的作品有明朗、抒情和優美的一面，也有虛無、愁黯、頹廢的一面。得見他最初的出生地大阪天滿此花町，不禁想起他作品裡悠遠、古典、神祕、幽玄又淒美的鮮明文學特性，自「相生樓」寧謐的前院庭園中翩翩飛揚起來。

　　大阪天滿宮的神殿最初建於西元 949 年，是由村上天皇為了慰藉「學問之神」菅原道真的靈魂而下令建造。將近百年間，神殿慘遭無數次祝融毀損，直到 1845 年才又重建。

　　每年七月，神社都會舉行隆重的「天神祭」，天神祭是日本三大傳統祭祀活動之一，包括熱鬧的彩船競賽活動，活動中使用漂亮偶人為其特色之一，據稱，這一項活動從 1690 年即已開始，目前總計有十四個偶人，被當成大阪傳統手工藝術品，保存下來。

　　出生大阪天滿宮比鄰的川端康成，幼年與少年成長的淒涼過程，意味他必須在激烈和悽苦同時交融的生活中度過，他的孤獨與愁黯，有時不免遠離社會雲煙，可經由他唯美的思潮所描繪出空靈和虛無的傳統美小說，卻蘊涵著佛教禪宗的「幽玄」淒美。

文學地景：大阪天滿宮，位於大阪府大阪市北區天神橋二丁目。

川端道上坐落一間文學館

《十六歲の日記》的文學地景——川端康成文學館

　　昭和四十三年（1968），川端康成少年時期曾經居住生活與求學的茨木市，為了祝賀川端康成榮膺日本首位獲得諾貝爾文學獎的殊榮，特別贈予川端「茨木市名譽市民」。昭和六十年（1985），川端辭世後十餘年，相關單位在茨木市的上中条 2-11-15 設立「川端康成文學館」，這座文學館占地五百平方公尺，由茨木市政府撥款營運，管理人員三名，臨時工二名，外客門票二百日円，茨木市民則可免費進場參觀。

　　從茨木車站按圖索驥以散步之姿，順著「川端道」走到川端康成文學紀念館，路程約莫三、四十分鐘，雖為辛苦，但見沿途路樹綠意鮮盎，沁人心脾不已。

文學館內展示有川端康成的
遺照、披風、生活遺物、書信、
手稿、著作初版本、著作譯本、
川端初作〈十六歲的日記〉誕生
的原委、編輯的文藝雜誌等約
四百多件，館方並利用電子壁板
介紹他跟祖父母一起生活過的住
宅模型。

文學館內保存有幾本過期雜
誌，其中，大正十二年（1923）
創刊的五期《文藝春秋》，是川
端的文學恩師菊池寬創辦的文學
刊物，當時川端既身為編輯同

左頁
左：川端康成文學館指標
右：川端康成文學館正門

右頁
右上：川端康成文學館外
　　　貌
左下：川端康成文學館展
　　　出川端作品

左/右：川端康成文學館展覽室

人，也是兼任刊物上發表作品的作者，他與夫人秀子的相識，便是緣由於這份刊物的關係。其他保存的雜誌尚有《文藝時代》，這份刊物是川端大學畢業後與橫光利一等人創辦的雜誌，是新感覺派的大本營，存列五期；1924年出版的創刊號，由川端執筆〈發刊詞〉，他在文中大膽聲稱：「《文藝時代》誕生的目的，是新作家對老作家的挑戰，可以說它是一場破壞既有文壇的運動。」

　　這一間坐落在茨木市川端通住宅區，馬路邊上的文學館，建築昂然高聳，獨立於一片紛花叢樹之間，前方對街為社區公園，綠樹成蔭，初夏時光閒坐在散步道上的石椅賞景，不覺感到文學清風徐徐吹來，十分悠然自得。

文學地景：川端康成文學館，位於大阪府茨木市上中条2-11-15。

第 18 帖

我身如朝露，滴落、消散
——關於司馬遼太郎及其文學作品景點

關於——司馬遼太郎的《新史太閤記》

　　「太閤」二字原意指日本古代對「攝政關白」職務的尊稱，廣義上說，指的是太政大臣、左大臣、右大臣等三公。《太閤記》則是一本以描寫攝政關白豐臣秀吉從政生涯為主題的人物傳記。書名原稱《甫庵太閤記》。作者為日本儒學家小瀨甫庵，該書在江戶時代數度被取締，列為禁書。全書共有 20 卷。

　　不同於小瀨甫庵的《太閤記》，司馬遼太郎的《新史太閤記》寫於 1968 年，上下兩冊，新潮文庫出版。作者在書中運用歷史的空隙，創造了屬於作者本身的想像空間；也即在真實的事件中間穿插虛構，挑戰歷史「實相」的真偽，是否可以開創另一扇文學大門的寫作手法。

　　司馬遼太郎的《新史太閤記》，故事仍以豐臣秀吉為主要人物所展現的新式歷史小說創作，作者以獨特的寫作技巧，將人物在歷史中的能動性與侷限性，表露無遺。

例如：眾所周知司馬遼太郎不喜歡德川家康，相對厚愛豐臣秀吉。然德川家康取得天下，乃是無能也無法改變的歷史事實，他便從這種「真實的事件中間穿插虛構」的填補方式，審視豐臣秀吉面對即將老去的自己，面對巨柱即將傾倒的國家，面對歷史洪流撲面而來，以及其家人，包括豐臣秀次的狂亂衝突、小早川秀秋的一念之差、豐臣秀長的溘然早逝、駿河夫人性格中的沉默無語等，司馬遼太郎都能在小說中提出他的見解，尤其針對「德川所以興，豐臣所以亡」的歷史觀點，他仍依照個人的史學治學態度，下筆千秋，重描述少鋪排，手法果然高明。

左頁
左：司馬遼太郎的作品《新史太閤記》
　　書影
右：豐臣秀吉畫像

右頁
上／下：豐臣秀吉雕像

三國第一大名城

《新史太閤記》的文學地景——大阪城

　　大阪城公園位於大阪市中央區，公園內的大阪城為大阪名勝之一，和名古屋城、熊本城並列為日本歷史上的三大名城，別名「金城」、「錦城」。大阪城公園於 1931 年開園，總面積一〇六點七公頃，園區樹種以染井吉野櫻為主，整座公園被大約 600 株櫻花樹妝點的西之丸庭園，約 95 個品種 1250 株綻放梅花的梅林，以及滿佈綺麗紅葉的追憶林所構成的園區，四季各異的花色樹景使人迷醉。

　　公園外圍環繞雄偉的護城河，這些由巨石堆砌成的石垣，是大阪城固若金湯的象徵。護城河寬約七十至九十公尺不等，兩側聳立的石垣，高約二十公尺，長十二公里，所用石頭近百萬塊。

西元 1583 年，適值日本戰國時代，桃山時期第一名將豐臣秀吉在賤岳會戰中打敗織田軍的柴田勝家後，成為織田信長的繼承人，正式入主大阪，並以這裡做為根據地，完成統一天下的大業。大權在握的豐臣秀吉，為展現實力，選在石山本願寺的原根據地上，蓋了一座比織田信長的安土城更為氣派巍峨的大阪城，這座城堡涵蓋本丸、二之丸、三之丸、總構的大型城廓，在戰事頻仍的歷史背景下，從備戰防禦的面向規畫興建，遴聘精湛的工匠和技師，結合壘石和木材，並修運河、建橋樑，使這座矗立在上町台地北端，北臨淀川，居交通要衝的城堡成為「天下之台所」。

　　桃山時代是豐臣秀吉居所的大阪城，樓高五層，天守、御殿、城牆、護城河，規模宏偉，其中天守閣內部全鑲嵌黃金，紙門框也覆以黃金，就連瓦片都鍍金，人稱「黃金之城」；這座展現日本建築技術，金碧輝煌、耀眼奪目，是人們眼中繁榮象徵的城廓，在當時有「三國第一大名城」之稱，時謂三國，係指中國、日本和印度。

左頁
大阪城公園噴水池

右頁
左：大阪城公園
　　林木茂盛
右：大阪城入口
　　山門

　　1615 年，在江戶建立幕府政府的德川家康，勢力不斷竄起，他連番
發動「大阪冬之陣」和「大阪夏之陣」，在大阪冬之陣中，真田幸村特別
架構真田丸防禦，擊退了德川軍的先鋒部隊，其後的議和條件即是拆除真
田丸。卻是議和後不久，戰禍仍起，導致豐臣家族滅亡，使這座興建工程
長達十年之久的城堡損傷嚴重，最後僅留下本丸殘遺。

　　德川家康攻占大阪後雖極力重建大阪城，但對大阪的百姓來說，豐臣
秀吉當年苦心修築的那一座城廓才是他們心目中真正的大阪城。

　　如今所見的大阪城，係 1931 年由民間集資，模仿豐臣秀吉時代的樣
式重建，主體建築天守閣巍峨宏偉，鑲銅鍍金，十分壯觀。外觀五層，內
部八層，高五十四點八公尺，七層以下為資料館，展示豐臣秀吉的木雕像、

左頁
左上：遠眺大阪城
左下：別名「金城」的大阪城
右上：日本歷史上三大名城之一的大阪城

右頁
上：大阪城城堡石牆
下：大阪城公園觀光小火車

曾經使用的武器及繪畫等，第八層則為瞭望台，可俯瞰大阪美景。

　　成為日本歷史上幾次重要戰役舞台的大阪城，美則美矣，當年建造大阪城的豐臣秀吉，一生追求奢華，不免於臨死前說出：「我身如朝露，滴落、消散，浪波之種種亦如南柯一夢。」這種了悟虛空的辭世之語。

　　規模宏偉、金碧輝煌，曾多次毀於天災兵禍又重修改建，今日的大阪城為昭和年間以鋼筋水泥復築，1997 年日本政府指定為登錄有形的文化財。

文學地景：大阪城，位於上町台地北端，北臨淀川，也即大阪市中央區大阪公園內。

出身武家奉公人的太政大臣

《新史太閤記》的文學地景——豐國神社

豐國神社是位於大阪市中央區大阪城公園內的神社，做為京都市豐國神社的別社而創建，舊社格為府社，主祭神是豐臣秀吉。豐臣秀吉於 1598 年 8 月 18 日逝世伏見城，享年六十二歲。

豐臣秀吉生於 1537 年，為日本戰國時代、桃山時期的武將、大名，原名木下藤吉郎、羽柴秀吉等，綽號禿鼠、小猴，本是武家奉公人，後因侍奉織田信長而崛起。他是自室町幕府瓦解後再次統一日本的大將，最高官位是太政大臣。

生前極度著迷黃金的豐臣秀吉，不僅日常生活所使用的器具、家具、武器、盔甲，就連和茶師千利休共同完成的「黃金茶室」裡的牆壁、柱子、天棚，還有茶具都由黃金製作而成；甚至建造大阪城天守閣也都使用大量黃金做妝點。

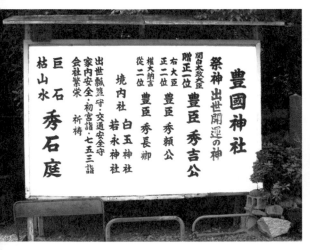

日本的歷史書介紹豐臣秀吉時，特別強調：出生鄉下農家，自幼頑皮、機靈又不服輸的豐臣秀吉，當他少小離家流浪，三餐不繼時，仍愛誇口告訴別人，有朝一日他要奪取天下，拯救萬民。稍長，也就是在他結束僕僕風塵的流浪生活後，他以跟隨織田信長牽馬過日子開始志在天下的事業，並與織田的命運緊密地結合在一起，從協助桶狹間之役到獨當吞沒美濃之役，逐步成為織田信長賞識的親信，更因為主復仇有成而躍登霸者之尊，完成了日本統一大業。

　　豐臣秀吉是個勇於向理想挑戰的人，個性耿直、心胸寬大，易於跟人親近相處，是日本人心目中難以忘懷的歷史人物，從平民到大將軍，人生波瀾不斷的六十二年歲月，是他樂天性格與天賦才略的最佳實證。

　　豐臣秀吉於 16 世紀完成統一大業，結束了日本百年戰亂的局面後，不久，旋即又被德川家康滅亡，原來祭祀豐臣秀吉的神社也隨之遭到毀壞，直到 19 世紀末期，神社才得以重建。神社境內，尚保存有古建築物「唐門」，「唐門」是仿中國建築風格的一種廟堂大門，代表當時代絢麗多彩的「桃山文化」的特殊建築。

左頁
左：豐國神社告示牌
右：豐國神社鳥居

右頁
左：仿中國「唐門」建築的豐國神社
右：豐國神社與豐臣秀吉雕像

左頁
上：豐國神社正殿
下：豐國神社的豐臣秀吉雕像

右頁
司馬遼太郎記念館正門

　　豐國神社保存有一座鐵製的點燈火器具「鐵燈籠」，神社內北側的「寶
物館」則不定期展出包括已成為國家重要文物的日本畫流「狩野派」所作
的日本畫「豐國祭圖屏風」，以及豐臣秀吉生前使用過的生活遺物等，這
座神社目前被列入國寶級文物。

文學地景：豐國神社，位於大阪府大阪市中央區大阪城公園內。

為何越看，越是愛煞人

《新史太閣記》的文學地景——司馬遼太郎記念館

　　司馬遼太郎於平成八年（1996）猝然去世後，為了弘揚和繼承他對歷史小說創作的精神，而在司馬位於大阪的故居建造「司馬遼太郎記念館」，2001 年竣工完成，對外開放。占地面積約二千三百平方公尺的記念館，比鄰而建的兩棟樓房，一棟為司馬先生的故居。生前，司馬遼太郎在這裡居住生活和寫作長達三十年之久；另一棟則是司馬遼太郎記念館。

　　整棟記念館由國際級的日本知名建築設計大師安藤忠雄設計建造。喜歡玻璃帷幕和光影結合設計的安藤忠雄，把陽光和綠意引進到記念館，穿

左頁
上：記念館圓弧形的玻璃帷幕
　　廊道
下：透過窗戶可見司馬遼太郎
　　的書房

右頁：安藤忠雄光與影結合設
　　　計的司馬遼太郎記念館

過西洋式樓房的正門，雜木林風格的小庭園立即迎面開展眼前，遊客可透過窗戶參觀司馬遼太郎的書房；跟生前一樣，書房裡依舊保留司馬先生過去筆耕寫作的景象。那是一種生命的動能，一種好好活下去的力量，司馬遼太郎即是憑藉著文學書寫，把日本或中國歷史故事中的人物和事件，躍然紙上，成為一部部血淚交織的生動文學作品。

　　基於文學所能生化的生命經驗和智慧堆疊，安藤忠雄將記念館裡一面高十一公尺以上的牆壁，打造成玲瓏有致的書牆，這一面引人入勝的書牆，整齊排列著約兩萬冊書籍。部分書籍仍留有司馬遼太郎書寫的便條紙和記號簽條，斯人已矣，看書牆上留下一冊冊曠世鉅著，不由驚嘆司馬多產的能量與能耐。

　　除了書牆，館內尚且劃分有司馬的親筆手稿與繪畫展示區，以及司馬生前影像播放區等。

　　浸漬在安藤忠雄光與影結合的走道、庭園，竟有一種風吹愉悅的愜意好感，尤其走過圓弧形的玻璃帷幕廊道，彷彿穿越時光走廊，那大把大把的陽光毫不吝惜的投射過來，把人和光影融合成一幅唯妙的畫景，這莫非就是設計家的細工巧思？這光那光，旖旎溫柔；春風裡，翩翩悠悠。宛如《萬葉集》所云：「少女晾織布，多摩川濱；為何越看，越是愛煞人。」

　　優雅呵，美呵！

文學地景：司馬遼太郎紀念館，位於大阪府東大阪市下阪3 丁目11 番18 號，近鐵「八戶里站」出站步行約8分鐘可達。

第 *19* 帖

閃爍璀璨霓虹燈火的道頓堀
——關於宮本輝及其文學作品景點

關於——宮本輝

　　1947 年出生於兵庫縣神戶市的宮本輝，本
名宮本正仁，曾居住在愛媛縣、大阪府、富山
縣，關西大倉高等學校、追手門學院大學文學
部畢業。曾任職廣告公司撰稿員，後因工作壓
力大，得了「不安神經症候群」而辭去工作，
專心文學創作。

　　1978 年以處女作《泥河》獲太宰治獎，翌
年又以《螢川》獲日本文學最高榮譽芥川獎，
其後又以《優駿》獲得吉川英治文學獎、《約

左頁
上：宮本輝
下：宮本輝的著作書影

右頁
宮本輝的著作書影

束之冬》榮獲文部大臣獎、《骸骨ビルの庭》榮膺司馬遼太郎文學獎等。

宮本輝的創作理念為「再悲觀的小說，我也希望能留下一點希望」，有「說故事的天生好手」美譽的宮本輝，被稱為現代日本國民作家。

曾說：「走過少年時代的成年人，一定都有深藏內心、難忘的風景。」的宮本輝，出版過多達六十餘冊的小說、紀行、對談等作品，代表作有：《錦繡》、《胸之香味》、《地上之星》、《天河夜曲》、《血脈之火》、《流轉之海》、《月光之東》、《川的三部曲：泥河・螢川・道頓堀川》等，主要以中、長篇小說居多，其中多部作品，包括：《泥之河》、《螢川》、《道頓堀川》、《流轉之海》等都被改編拍成電影或電視劇。台灣版的《川的三部曲：泥河・螢川・道頓堀川》由遠流出版公司出版，袁美範、許錫慶聯合翻譯。

關於——宮本輝的《道頓堀川》

　　《道頓堀川》為宮本輝〈河川三部曲〉的第三部作品，小說的舞台背景選定道頓堀川，道頓堀川是位於大阪市中央區最繁華街市間的一條河流；每一天，無論陰晴朝夕，出入其間的行人、遊客多如過江之鯽。《道頓堀川》的故事背景設定在這條河川畔，地名叫道頓堀的地方，一個每到晚間，便閃爍著五彩繽紛霓虹燈的大都會景象，小說內容以居住在道頓堀的一對父子，所展開的愛憎情節為主軸，同時牽連出現代男女之間微妙的情慾關係。

　　〈河川三部曲〉是宮本輝文學創作的起點，尤其可從《道頓堀川》清楚而強烈的窺見到作者在文字裡，不斷探討「父與子」之間的宿命問題，其對人生百態探索的重心，都放在有著不完滿家庭的人物上。用字深情細膩、多姿多彩，頗得人心，是難得的小說佳構。

　　一位叫玥璘的讀者，如是說出他閱讀《道頓堀川》之後的感想，他說：

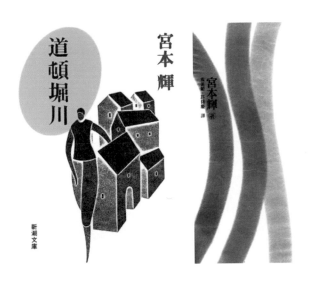

左頁
左：宮本輝的作品《道頓堀川》書影
右：《道頓堀川》書影

右頁
左下：昭和時代的道頓堀川
右上：《道頓堀川》電影海報
右下：道頓堀川上的戎橋

「兩位主角，邦彥和武內都各自被死亡纏繞，邦彥對死去父親的不識給壓迫，背負著身為孤兒的孤獨感。武內則是一直懷疑自己當年踹向外遇妻子的那一腳，是否造成她多年後的死去，徘徊不去的死亡陰影伴隨著愧疚而來。也間接影響到父子之情。過去仍不死亡，死者不留給生者一種安心，不也是一種死亡的糾葛。」

又說：「《道頓堀川》更是藉由眾生相，把人間討生活的男女企求溫暖家庭的形貌給描繪。沒能做好父親的武內把邦彥當成自己的孩子，邦彥雖然並沒有接受卻也不拒

霓虹燈閃爍的道頓堀

絕。而邦彥對面貌模糊的父親的追尋，可以看出他內心的空洞。」

　　另則，由日本最具知名度的演員松阪慶子和真田廣之主演的《道頓堀川》，拍攝成電影後，深受好評，劇情敘述一位年輕的打工大學生安岡邦彥，和風韻多情的女主角町子間的曖昧感情。由於身分差異最後導致成一段愛情悲歌；這種鍾情於對純粹感情的愛情現象，是日本小說和戲劇非常獨特的類型。

　　當男人的情意糾結在父與子、男與女之間，攪動成離亂情愫時，愈發容易形成苦惱的元素。劇情發展到尾聲處，男主角真田廣之遇刺死去的安排雖為觀眾所詬病，但他手握利刃顯示出唯有一死方能解決感情問題的神情，完全表現出日本人對處理情感的堅貞精髓。直到後來，當女主角松阪慶子獨自站在道頓堀鬧區的戎橋上，等候情人歸來的焦慮與莫奈的畫面，越加使看戲人的情感堤防，潰決落淚。

安井道頓開鑿道頓堀川

《道頓堀川》的文學地景——道頓堀川

道頓堀川是穿越日本大阪市中央區道頓堀的運河，河川兩岸聚集了許多戲院、商店、餐飲小販和娛樂場所。道頓堀與木津川及東橫堀川連接，全長約二點五公里；道頓堀三字成為大阪市中央區一個町的名稱，黃昏之後，河畔的大型霓虹廣告招牌，形成大阪市最重要的標誌。其中，蟹道樂總店長約九公尺的大型蟹模型看板，以及由宮本輝原著改編的電影「道頓堀川」拍攝地戎橋邊，高掛 Glico 運動員跑步的霓虹廣告，都是道頓堀著名的觀光景點。

道頓堀川於 1612 年，由安井道頓、安井道卜與平野鄉的安藤藤次以私人財產出資興建的運河， 1615 年完工。

日本安土桃山時代的武將、戰國時代末期、江戶時代初期的大名松平忠明以安井道頓開鑿運河，便利了城南商業區的發展，功績頗豐，而把這條運河命名為「道頓堀川」。

上／下：道頓堀川夜景

左頁
左上：道頓堀川遊船搭乘處
右上：道頓堀川夜景
左下：道頓堀川的遊船

右頁
道頓堀川夜景

　　後西天皇萬治三年（1660），也即江戶幕府的德川家綱時代，在道頓堀鄰近地區出現了多座劇場，如中座、角座、竹本座、浪花座、弁天座、朝日座，以及不少商店等。在日本橋北詰東，立有安井道頓及道卜的紀念碑。

　　今日的道頓堀已成為大阪市主要的商業區域，沿運河兩岸設立有商店街及不少飲食店，與心齋橋筋商店街交錯為最繁華的觀光購物區。當前的道頓堀川設立了遊艇行駛，可以飽覽河川沿岸五光十色的繽紛夜景；搭船遊大阪賞市景，已成為觀光客喜愛的旅遊方式之一，乘船場位於道頓堀川畔，「一蘭拉麵店」旁邊。

文學地景：道頓堀川，流經大阪市中央區道頓堀商業區。

霓虹燈璀璨輝映的道頓堀

《道頓堀川》的文學地景──道頓堀

　　道頓堀是沿著道頓堀川南岸所形成的繁華街區。河的北岸，過去曾是藝妓出入頻繁的地方，如今轉變成一間間酒吧和餐館；河的南岸，是道頓堀商業中心，以前是大阪劇場聚集最多的地區，現在方圓之內閃爍五彩繽紛的廣告霓虹燈，商家、人氣沸騰。要說道頓堀川兩岸的霓虹燈廣告看板連成一片，就連建築物牆面被妝點成一幅燦爛的燈海，一點也不為過。

每到夜晚，各色霓虹燈招牌閃爍不停，璀璨的燈火和道頓堀川水面交相輝映的七彩光芒，把道頓堀點綴得更加華麗。無論過去或現在，道頓堀一直是大阪市最熱鬧的商業活動區。

日本人說「吃在大阪」，道頓堀的飲食店多，拉麵、烏龍麵、大阪燒、章魚燒，以及上演歌舞戲的「文樂座」和表演大眾曲藝的「大阪松竹座」、「寄席」等傳統藝術劇場，還有陸續更替、開張的名牌商店，林立在每條巷衖裡。

左頁：道頓堀夜景

右頁
左上：人潮不斷的道頓堀
右上：道頓堀的多樣小吃
左下：以大阪燒、章魚燒聞名的道頓堀
右下：道頓堀霓虹夜

左上：道頓堀著名的固力果霓虹廣告招牌
右上：古意幽深的法善寺
左下：著名的蟹道樂總店長約九公尺的大型蟹模型看
　　　板

　　從道頓堀川沿岸通往南邊，千日前附近一條幽靜的小街上坐落了一間建於十七世紀的法善寺，寺前懸掛一盞又一盞的燈籠，黃昏時刻渲染著淡淡的桔黃色光澤，古意幽深；法善寺前由石板鋪成的道路，被稱為「法善寺橫丁」，格子門的房屋、商家，散發古樸寧靜的氣氛，格外具有江戶風情。

　　到大阪而未走訪道頓堀，彷彿沒到過大阪，數十年來，台灣人到日本旅遊，大阪成為最多人前往的所在，道頓堀的章魚燒、道頓堀川上的戎橋、橋邊運動員穿著背心跑步的固力果霓虹廣告招牌，以及跟道頓堀交織在一起的心齋橋筋、戎橋筋、千日前的每一家商店，許多台灣旅客早成識途老馬，十分熟識。

文學地景：道頓堀，位於道頓堀川戎橋一帶。

第 20 帖

赤裸的醫界鬥爭・不對等的醫療關係
——關於山崎豐子及其文學作品景點

關於——山崎豐子

　　1924 年，出生於大阪市中央區昆布商店老鋪、小倉屋山本之家的山崎豐子，本名杉本豐子，畢業於京都女子大學國文系，日後，在每日新聞學藝部擔任井上靖轄下的記者，利用閒暇之餘寫作，初期作品大都以船場和大阪風俗為文學舞台。

　　1957 年發表首部作品《暖簾》初試啼聲，進入文壇；翌年又以《花暖簾》贏得 1958 年第 39 屆直木賞。之後辭掉報社工作專事寫作。1963 年在《Sunday 每日》週刊上開始連載《白色巨塔》，因探討醫病之社會關係，內容尖銳，引起話題，造成轟動，進而奠定山崎豐子在日本文壇不可動搖的地位。

左頁
左：山崎豐子
右：山崎豐子的著作書影

右頁
山崎豐子的著作書影

1970 年，又於《週刊新潮》連載小說《華麗一族》、《二個祖國》、《大地之子》、《不落的太陽》等。1991 年榮獲第 39 屆菊池寬賞。2009 年以《命運之人》獲得每日出版文化賞特別賞。

　　山崎豊子的著作尚包括有：《女人的勳章》、《不毛地帶》、《女系家族》、《花紋》、《變裝集團》、《白色巨塔・續篇》等。

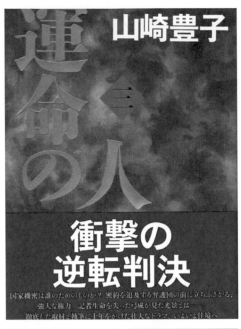

關於──山崎豐子的《白い巨塔》

　　山崎豐子的長篇小說《白い巨塔》的中文譯名為《白色巨塔》，「巨塔」二字用以借指醫院。小說的背景舞台選定在舊稱浪速大學的大阪府立大學醫學部。

　　暢銷日本四十餘年的二十世紀文學經典鉅著《白色巨塔》，由被列為戰後日本十大女作家之一，社會派小說巨匠山崎豐子所著。山崎豐子說：「我寫這部小說，無非出自質問醫學界的良心，或挑戰醫學界的封建性，同時感覺到那裡存在著強烈的人間戲劇！」

　　故事以兩位價值觀、生命態度截然不同的醫師：財前五郎，醫術精湛、才氣煥發、野心勃勃的外科醫師；里見修二，熱血正義、堅持理想，學者型的內科醫生，互映出大學醫院內部充滿矛盾、爾虞我詐的人際關係，並大膽揭露醫學界選舉賄賂、醫療疏失等議題，挑戰日本社會長期以來的絕對禁忌。

　　由於作者細膩鮮活的人物刻畫，以及明快的文字節奏，透過醫院內部

山崎豐子的長篇小說《白色巨塔1》書影

山崎豐子的長篇小說《白色巨塔2》書影

山崎豐子的長篇小說《白色巨塔3》書影

的人事、醫療，將書中的人物、生命觀點和醫療道德所呈現的不同面向，提出對善惡與是非的深刻思考，甚至對人性黑暗、光明與希望面的高度關切情懷。

可以這樣說，山崎豐子在《白色巨塔》一書中，強烈而明智的提出錯綜複雜的醫學實態、赤裸的醫界鬥爭、不對等的醫療關係、詭譎糾葛的善惡衝擊；在這一座神聖不可侵犯的高塔內，因為人性與神性、道德與貪慾的永恆角力，上演一幕又一幕波瀾壯闊的人間悲喜劇！這部小說被日本學界認定為一部史詩般壯闊、撼動人心的文學佳構。

根據「白色巨塔」改編成戲劇者包括：

1966 年，田宮二郎主演的電影〈白色巨塔〉。

1967 年，佐藤慶主演的日本電視劇〈白色巨塔〉。

1978 年，田宮二郎主演的日本電視劇〈白色巨塔〉。

1990 年，村上弘明主演的日本電視劇〈白色巨塔〉。

2003 年，唐澤壽明和江口洋介主演的日本電視劇〈白色巨塔〉。

2007 年，金明敏、李善均、宋善美、金寶京和車仁表主演的韓國電視劇〈白色巨塔〉。

山崎豐子的長篇小説《白色巨塔4》書影

山崎豐子的長篇小説《白色巨塔5》書影

山崎豐子的著作《白色巨塔》電影海報

古音浪速大學的大阪府立大學

《白い巨塔》的文學地景——大阪府立大學

　　山崎豊子的長篇小說《白色巨塔》的文
學舞台背景，作者設定在國立浪速大學醫學
部，這所大學即是現今大阪府立大學於 1955
年前的舊稱，位於大阪府堺市中區學園町。
1883 年創立的大阪府立大學因「浪速」古音
與「大阪」相同而被影射為小說中的醫學部
所在。

日劇《白色巨塔》的發生地也以浪速大學為背景舞台，由唐澤壽明飾演的財前五郎，是國立浪速大學第一外科副教授，四十歲，專長為食道外科，尤其是一流的食道癌手術，令人刮目相看；擁有絕對的醫療技術與自信，腦筋動得快、城府且深，對人情世故的態度可以隨時轉變；表現自信自大，必要時也能放下身段，流露虛實莫辨的謙虛有禮的態度。另則，由江口洋介飾演的里見修二，是國立浪速大學第一內科副教授，四十歲，與財前五郎同期修業，在醫學部所屬醫院，兩人始終為勁敵。他的醫療信念是：真心誠意對待病患並建立相互信任的關係，與病患共同對抗疾病。因為個性樸拙、真誠，常跟教授、財前五郎發生衝突。

　　《白色巨塔》精采的小說情節，不僅使原著成為日本的暢銷書，就連日劇的播出也得到極高收視率。

左頁
上：《白色巨塔》的文學舞台，舊稱浪速大學
　　的大阪府立大學醫學部中ノ島校舍
下：現今的大阪府立大學

右頁
左上：大阪景觀─關西空港跨海大橋
右上：大阪景觀─地下鐵通道
左下：大阪街景

左頁
左：大阪鬧區心齋橋筋
右：大阪街景

右頁
奈良春日大社的飲茶亭

文學地景：大阪府立大學，位於大阪府堺市中區學園町。

國家圖書館出版品預行編目 (CIP) 資料

眼裡的風景，書中的風情：奈良，一生不可錯過的文化
之旅 / 陳銘磻著 . -- 第一版 . -- 臺北市：樂果文化出版：
紅螞蟻發，2015.07
　　面；　公分 . -- (樂繽紛；23)
ISBN 978-986-91916-1-6（平裝）

1. 旅遊文學 2. 日本奈良市

731.75519　　　　　　　　　　104012230

樂繽紛 23

眼裡的風景，書中的風情：奈良，一生不可錯過的文化之旅

作　　　　者 ／ 陳銘磻
總　編　輯 ／ 何南輝
責 任 編 輯 ／ 韓顯赫
行 銷 企 劃 ／ 黃文秀
封 面 設 計 ／ 鄭年亨
內 頁 設 計 ／ 申朗創意

出　　　　版 ／ 樂果文化事業有限公司
讀者服務專線 ／（02）2795-3656
劃 撥 帳 號 ／ 50118837 號　樂果文化事業有限公司
印　刷　廠 ／ 卡樂彩色製版印刷有限公司
總　經　銷 ／ 紅螞蟻圖書有限公司
地　　　　址 ／ 台北市內湖區舊宗路二段 121 巷 19 號（紅螞蟻資訊大樓）
　　　　　　　電話：（02）2795-3656
　　　　　　　傳真：（02）2795-4100

2015 年 7 月第一版　定價／ 350 元　ISBN 978-986-91916-1-6

U0069306